CB141619

Manual de Arbitragem na Administração Pública

Manual de Arbitragem na Administração Pública

Buenã Porto Salgado

2019

EDITORA *Jus*PODIVM
www.editorajuspodivm.com.br

EDITORA *Jus*PODIVM
www.editorajuspodivm.com.br

Rua Território Rio Branco, 87 – Pituba – CEP: 41830-530 – Salvador – Bahia
Tel: (71) 3045.9051
• Contato: https://www.editorajuspodivm.com.br/sac

Capa: Ana Caquetti

S164m Salgado, Buenã Porto.
Manual de arbitragem na administração pública / Buenã Porto Salgado– Salvador: Editora JusPodivm, 2019.
224 p.

Inclui bibliografia
ISBN 978-85-442-3059-6.

1. Administração Pública. I. Salgado, Buenã Porto. II. Título.

CDD 351

Ao Senhor Jesus Cristo,
que é digno de toda honra e glória.

SUMÁRIO

LISTA DE ABREVIATURAS E SIGLAS

ADR – Alternative Dispute Resolution

CAMARB – Câmara de Arbitragem Empresarial – BRASIL

CAM-CCBC – Câmara de Arbitragem e Mediação da Câmara de Comércio Brasil Canadá

CBEE – Comercializadora Brasileira de Energia Emergencial

CBMA – Centro Brasileiro de Mediação e Arbitragem

CCI – Corte Internacional de Arbitragem da Câmara de Comércio Internacional

CCAF – Câmara de Conciliação e Arbitragem da Administração Federal

CPC – Código de Processo Civil (1973)

CPC – Novo Código de Processo Civil (2015)

CRFB – Constituição da República Federativa do Brasil

FGV – Câmara FGV de Conciliação e Arbitragem

IBA – International Bar Association

MP – Medida Provisória

NCPC – Novo Código de Processo Civil (2015)

PEC – Projeto de Emenda Constitucional

PLS – Projeto de Lei do Senado

PPP – Parceria Público Privada

REsp – Recurso Especial

STF – Supremo Tribunal Federal

STJ – Superior Tribunal de Justiça

TCU – Tribunal de Contas da União

UNCITRAL – *United Nations Commission on International Trade Law*

TMC – Terminal Modal de Coroa Grande

INTRODUÇÃO

Atualmente não há mais dúvidas sobre a possibilidade de utilização da Arbitragem pela Administração Pública Direta e Indireta no Brasil, pois em 26 de maio de 2015 foi sancionada a Lei 13.129/2015, que resolveu uma lacuna em nosso ordenamento jurídico ao promover alterações na Lei de Arbitragem (Lei 9.307/1996).

O § 1º do art. 1º da Lei de Arbitragem modernizou e introduziu instrumentos privados no direito administrativo brasileiro, passando a expressamente autorizar que os órgãos e entidades da Administração utilizem da via arbitral para dirimir conflitos relativos a direitos patrimoniais disponíveis (contratos administrativos, convênios, acordos, termos de cooperação, bem como os contratos de gestão e termos de cessão e de permissão de uso pode conter cláusula compromissória instituindo a Arbitragem como mecanismo de solução de controvérsias administrativas).

Considerando a modernização da legislação inserida no art. 1º, § 1º, da Lei de Arbitragem, a presente obra tem por objetivo apresentar uma releitura do princípio da supremacia do interesse público, com vistas a demonstrar que vários poderão ser os campos de atuação da arbitragem aplicados ao setor público. Nesse diapasão, abordamos os impactos da utilização desse mecanismo extrajudicial de solução de controvérsias na organização da Administração Pública, tendo como referência o sistema e a legislação estrangeiros que, seguindo uma tendência de modernização do direito público, vêm alargando as possibilidades de utilização da arbitragem para o Estado.

Insta salientar que, atualmente, vivemos sob a ótica de um direito público contemporâneo, ou direito administrativo do século XXI, como trabalhado pelo professor Diogo de Figueiredo Moreira Neto. E é com base nesse modelo, portanto, que o direito público transforma a função administrativa e a própria Administração Pública direcionada pela Constituição Federal e focada na eficiência para a sociedade que clama por serviços públicos de qualidade e resultados.

1

TEORIA GERAL DA ARBITRAGEM NO DIREITO PÚBLICO

1.1. O giro pragmático e democrático no Direito Público brasileiro

Deve-se a Oliver Wendell Homes Jr[1] célebre juiz da Suprema Corte dos EUA entre os anos 1902 e 1932 um dos aforismos pragmáticos mais conhecidos e citados da cultura jurídica norte-norte americana: "The life of the law has not been logic, it has been expirience".

Holmes estava a dizer que o direito é muito melhor explicado como resultado das necessidades de cada povo, da moral prevalecente em cada tempo e lugar, das injunções da política de cada nação, do que pelos axiomas e silogismos teóricos contidos em algum manual – como um livro de matemática. O direito responde de forma adaptativa, mas nem sempre lógica, às imposições da experiência[2].

1. HOLMES JR., The common law, 1881. In: BINENBOJM, Gustavo. Poder de polícia, ordenação, regulação: transformações político-jurídicas, econômicas e institucionais do direito administrativo ordenador. Belo Horizonte: Fórum, 2016. 380 p. 52.

2. BINENBOJM, Gustavo. Poder de polícia, ordenação, regulação: transformações político-jurídicas, econômicas e institucionais do direito administrativo ordenador. Belo Horizonte: Fórum, 2016. 380 p. 53.

Fato menos conhecido, no entanto, é que Oliver Wendell Holmes Jt., antes de tornar-se juiz da Suprema Corte norte-americana, foi um dos criadores, ao lado do matemático Charles Sanders Peirce e do psicólogo William James, dentre outros, do irônico e desafiadoramente intitulado "Clube Metafísico" (Metaphysical Club), um grupo de jovens intelectuais, de diferentes áreas do conhecimento, fundado em Cambridge, nos Estados Unidos, nos primeiros anos da década de 1870, cujo objetivo comum era combater a metafisica tradicional. Tal grupo, ao qual se juntaria, mais tarde, o ativista político John Dewey, lançou as bases da escola de pensamento conhecida como pragmatismo[3].

Segundo Nathan Houser, a atitude pragmática significa uma espécie de teste para verificar se concepções e teorias se relacionam de fato com a experiência. Mas se em Peirce o princípio do pragmatismo aparece como uma teoria da significação aplicada, sobretudo, à produção do conhecimento cientifico, em James e Dewey, ele assume foros de uma teoria da verdade, com desdobramentos mais amplos para a teoria social e política. A máxima pragmática converte-se, assim, em um método de apuração da verdade de qualquer hipótese, conceito ou mesmo de crenças metafísicas: qual a consequência concreta e particular da adoção de uma verdade, conceito ou crença em nossa experiência futura? É isso o que o pensamento pragmático busca responder. Mais do que a ultrapassagem de escrutínios lógicos e abstratos, ao pragmatismo interessa diferença em tesmos de efeitos práticos, da adoção de uma ou outra posição[4].

3. Idem.

4. BINENBOJM, Gustavo. Poder de polícia, ordenação, regulação: transformações político-jurídicas, econômicas e institucionais do direito administrativo ordenador. Belo Horizonte: Fórum, 2016. 380 p. 53.

Em admirável esforço didático, Thamy Pogrebinschi identifica uma matriz pragmatista, inobstante os diferentes matizes internos do movimento, como um núcleo comum do pragmatismo filosófico, que pode ser traduzido em três elementos fundamentais: i) o antifundacionalismo; ii) o contextualismo; e iii) o consequenciaismo[5].

Trata-se, à evidencia, de conceitos inter-relacionados, cuja compreensão encontra-se imbricada na tessitura do pensamento pragmático. Compreendê-los será útil para demonstrar o que se denominou por Gustavo Binenbomj[6] giro pragmático do direito administrativo, seja como descrição de uma tendência contemporânea da disciplina, nem sempre consciente, seja como uma estratégia prescritiva de análise e decisão em busca de soluções aptas a alcançar os melhores resultados práticos para os problemas enfrentados pela Administração Pública.

O antifundacionalismo rejeita que o pensamento tenha algum ponto de partida ou fundação estática, perpétua, imutável, abstrata e atemporal. Não se trata de negar a ideia de verdade, mas despí-la de seu caráter apriorístico, como um dogma fundado em alguma abstração metafisica ou reconduzido ao percurso de uma metanarrativa explicativa de toda a experiência humana sobre a Terra. Essa, aliás, é a característica que mais aproxima o pragmatismo da ideia de pos-modernidade, que se teria configurado, precisamente, pelo descredito das grandes

5. BINENBOJM, Gustavo. Poder de polícia, ordenação, regulação: transformações político-jurídicas, econômicas e institucionais do direito administrativo ordenador. Belo Horizonte: Fórum, 2016. 380 p. 54.

6. BINENBOJM, Gustavo. Poder de polícia, ordenação, regulação: transformações político-jurídicas, econômicas e institucionais do direito administrativo ordenador. Belo Horizonte: Fórum, 2016. 380 p. 54.

terias fundacionalistas (como algumas formas de filosocia da história, por exemplo), que nos contavam tudo sobre a nossa origem, e sobretudo, sobre o nosso destino[7].

Por fim, o consequencialismo importa conduzir sempre qualquer importa conduzir sempre qualquer investigação com os olhos voltados para o futuro, por meio de alguma antecipação prognóstica. Como dizia a máxima positivista, "saber é prever, a fim de prover". O significado de uma proposição, assim como sua verdade, depende do teste de suas consequências futuras; sua antecipação é essencial para o saber pragmático, a fim de que se possa avaliar qual a diferença que produzirá sobre a realidade. Isso onduz o pragmatista a uma atitude marcadamente empiricista e experimentalista caracterizando o pragmatismo mais como um método, uma atividade ou uma postura diante de questões concretas.

John Dewey afirma, com efeito, que o conceito de verdade pragmatista é sempre responsivo, no sentido de que sempre responde a alguma necessidade a algum fim desejável. A proposição é aquilo que deve ser utilizado de certo modo a fim desejável. A proposição é aquilo que deve ser utilizado de certo modo a fim de alcançar fins desejáveis ou, ainda, de evitar aqueles indesejáveis. Em outras palavras, a verdade significa a satisfação das consequências às quais uma proposição se refere[8].Todavia, como a realidade é contextual e, portanto,

---

7. Tal é a formulação da pós-modernidade que se tornou clássica a partir do livro de LYOTARD, Jean François. A condição pós-moderna. Rio de Janeiro: José Olympio, 1998 in: BINENBOJM, Gustavo. Poder de polícia, ordenação, regulação: transformações político-jurídicas, econômicas e institucionais do direito administrativo ordenador. Belo Horizonte: Fórum, 2016. 380 p. 54.
8. DEWEY, JOHN. The problem of truth. In: HICKMAN, Larry A.; ALEXANDER, Thomas M. (Ed.) The essential Dewey: ethics, logic, psychology. Bloomington: Indiana University Press, 1998. v. 1, p. 183. In: BINENBOJM,

cabiante, a verdade sempre poderá ser alterada, tornando a empreitada pragmatista um empreendimento sempre aberto ao erro e à correção continuada.

Tem-se, assim, completa a matriz filosófica do pragmatismo. Na feliz síntese de José Vicente Santos de Mendonça[9], "se não existem fundações que justifique, ou validem conceitos ou teorias, deve-se apreciá-las a partir de suas consequências, as quais só adquirem sentido dentro do contexto no qual estão inseridas".

Pois bem: o pragmatismo jurídico seria, naturalmente, o reflexo de tal postura filosófica não apenas sobre as concepções teóricas que, pela tradição, predominam na filosofia e na teoria do direito, mas também sobre as decisões cotidianas tomadas pelos operadores do direito para a resolução de seus problemas[10]. Cumpre perquirir, assim, sobre as possíveis repercussões –desejáveis ou indesejáveis, já verificadas ou ainda por se implementar – do pragmatismo sobre o direito administrativo contemporâneo.

Antes, porém, cabe fazer um importante disclaimer: embora guarde proximidade com as disciplinas ligadas à investigação empírica (como, v.g, a economia e a ciência), o pragmatismo jurídico não é uma filosofia com uma violência política especifica. Ao menos não no sentido em que o termo

---

Gustavo. Poder de polícia, ordenação, regulação: transformações político--jurídicas, econômicas e institucionais do direito administrativo ordenador. Belo Horizonte: Fórum, 2016. 380 p. 56.

9. MENDONÇA, José Vicente Santos. Direito Constitucional econômico: a intervenção do Estado na econômica à luz da razão e do pragmatismo. Belo Horizonte: Fórum, 2014, p. 38.

10. ARGUELHES, Diego Wernek; LEAL, Fernando. Pragmatismo como (meta) teoria normativa da decisão judicial: caracterização, estratégias e implicações. In: SARMENTO, Daniel (Org.). Filosofia e Teoria Constitucional Contemporânea. Rio de Janeiro: Lumen Juris, 2009, p. 171/211.

aqui é empregado[11]. Não há também identidade de sentido do pragmatismo com o utilitarismo e a análise econômica do direito – domínios do conhecimento por vezes tomados, censuravelmente, como sinônimos[12].

Deveras, o utilitarismo é um tipo de filosocia moral segundo o qual a decisão moralmente correta é aquela que se revela apta a promover a maximização da utilidade geral (ou do bem estar, como preferem os economistas contemporâneos que adotam algma concepção utilitarista), assim entendida como a soma das utilidades individuais. Como defendido por Posner, o pragmatismo não se compromente com a maximização do bem estar, como critério normativo ou prescritivo da decisão – legislativa administrativa ou judicial. Ao contrário, a postura pragmática procura identificar os estados de coisa que seriam prognosticamente gerados por cada decisão possível, mas o critério para a definição da escolha mais adequada pode ou não incluir a maximização do bem-estar[13].

Uma etapa, portanto, consiste em individualizar, aos pares, cada decisão possível e as consequências delas decorrentes (etapa descritiva). A etapaseguinte consistirá na ordenação desses pares

---

11. POSNER, Richard, por exempli, adota um modelo pragmático jurídico baseado na neutralidade de compromissos políticos, no que consistiria uma importante distinção em relação a correntes que seriam próximas, como o realismo jurídico e o movimento de critical legal studies – ambos comprometidos com uma especifica agenda política de reforma da sociedade. V. POSNER, Richard. Law, pragmatismo and democracy. Cambridge: Havard University Press, 2003, p. 84. In: BINENBOJM, Gustavo. Poder de polícia, ordenação, regulação: transformações político-jurídicas, econômicas e institucionais do direito administrativo ordenador. Belo Horizonte: Fórum, 2016. 380 p. 56-57.
12. BINENBOJM, Gustavo. Poder de polícia, ordenação, regulação: transformações político-jurídicas, econômicas e institucionais do direito administrativo ordenador. Belo Horizonte: Fórum, 2016. 380 p. 57.
13. Idem.

consoante algum critério de julgamento (político ou jurídico, conforme o caso) entre os estados de coisas a serem alcançados (etapa normativa ou prescritiva). Assim, por exemplo, a ordem político-jurídica pode legitimamente apontar como critério de decisão a proteção de posições individuais minoritárias, como, e.g., medidas inclusivas de pessoas com necessidades especiais no mercado de trabalho – fundada em razões ligadas à dignidade humana, à igualdade ou solidariedade social – ainda quando delas não resulte a maximização da utilidade para todos os membros da coletividade[14].

No universo de considerações pragmáticas poder-se-ia até cogitar da compração entre as soluções que pudessem cumprir, de maneira mais eficiente, o desiderato deocraticamente estabelecid com fim público; mas não substituí-lo pelo critério utilitário, pura e simplesmente.

Importante são os ensinamentos de Gustavo Binenbomj[15] sobre à análise econômica do direito:

> Os estudos de law & economics podem envolver aspectos tanto descritivos como prescritivos, embora tais empreendimentos se mantenham, em regra, como atividades distintas. Assim, na sua dimentsão descritiva, a análise pretende revelar as consequências econômicas decorrentes da adoção de determinada decisão (lei, ato administrativo, sentença judicial), assim no plano individual como no coletivo (ou sistêmico). Já na linha prescritiva, a análise caminha para preconizar ou desaconselhar determinada decisão.

14. Idem.
15. BINENBOJM, Gustavo. Poder de polícia, ordenação, regulação: transformações político-jurídicas, econômicas e institucionais do direito administrativo ordenador. Belo Horizonte: Fórum, 2016. 380 p. 58.

O Direito Administrativo passa por um momento importante que se divide em duas fases. O "giro democrático-constitucional" criou um novo foco da administração no respeito aos direitos fundamentais definidos na Constituição Federal. Já o "giro pragmático" faz o Estado se pautar por soluções eficientes para problemas reais, e não pela preferência da burocracia estatal.

Carlos Ari Sundfeld[16] de que vivemos hoje em um "ambiente de geleia geral, em que princípios vagos podem sustentar qualquer decisão", a necessidade de reduzir as incertezas produzidas pelo recurso exclusivo a princípios vagos para fundamentar decisões é urgente. Sem mecanismos para domesticar essas incertezas, sobra subjetividade. Com isso, o processo decisório nas esferas judicial, controladora e administrativa torna-se instável e imprevisível.

1.2. A aplicação do sistema multiportas para a Administração Pública e os Mecanismos extrajudiciais de solução de conflitos: negociação, mediação, arbitragem e os *dispute boards*

Os conflitos constituem um aspecto próprio das relações humanas, advindos de comportamentos e situações em que duas ou mais pessoas adotam posições divergentes acerca de determinado assunto ou interesse. Ocorrida uma controvérsia de direito entre duas ou mais partes, pode-se considerar a adoção de três métodos para resolvê-la.

O primeiro seria através do mecanismo da autotutela ou autodefesa no qual, normalmente pelo uso da força, a vontade

16. SUNDFELD, Carlos Ari. Princípio é preguiça. In: ___. Direito Administrativo Para Céticos. 2ª. ed. São Paulo: Direito GV/ Malheiros, 2014, p. 205.

de um dos litigantes é imposta sobre a do outro. O segundo método adotado pode ser do tipo heterocompositivo, no qual uma terceira pessoa imparcial fica encarregada de dar solução ao caso concreto. Já o terceiro método é aquele denominado autocompositivo, que ocorre pacificamente entre as partes, mediante um acordo de vontades.[17]

Nesta perspectiva, tanto o método autocompositivo quanto o heterocompositivo proporcionam aos litigantes a adoção de mecanismos extrajudiciais de resolução de conflitos, sendo eles, apenas para exemplificar, a mediação e a conciliação (autocompositivos) e a arbitragem (heterocompositivos).

A busca de uma solução para a ameaça de estrangulamento da prestação jurisdicional norte-americana fez nascer na Universidade Harvard, localizada no Estado de Massachusetts, a sigla ADR (*Alternative Dispute Resolution*) para identificar outros meios de solução de conflitos, distinguindo-os do processo judicial.

De acordo com o entendimento de Jane Elisabeth Cesca e Thomaz Cesca Nunes, vivemos um tempo em que se faz necessária a evolução do direito e da justiça por meio do recurso a meios não adversariais de resolução de conflitos, uma vez que utilizados em ambiente judicial ou extrajudicial vão ao encontro aos anseios da população, possibilitando a obtenção de "respostas céleres, uma justiça menos onerosa, e com capacidade de fornecer suporte para o desenvolvimento de um ser humano autônomo e mais feliz".[18]

---

17. MELO, Lília Maranhão Leite Ferreira de. O papel da arbitragem *on line* na abordagem justiça e desenvolvimento. *Revista de Direito Empresarial – RDEmp*, Belo Horizonte, ano 9, n. 3, set./dez. 2012. Disponível em: <http://www.bidforum.com.br/PDI0006.aspx?pdiCntd=83699>. Acesso em: 19 nov. 2017.

18. CESCA, Jane Elisabeth; NUNES, Thomaz Cesca. Da necessidade da evolução do direito e da justiça: os meios não adversariais de resolução de conflitos

Petrônio Calmon relaciona diversos modelos utilizados nos Estados Unidos, entre eles a avaliação neutra de terceiro (*early neutral evaluation*), que é uma consulta de ambas as partes a um profissional de sua confiança, visando ter uma previsão do deslinde da causa pelo Judiciário, sendo necessário que a lide esteja iniciada e que o réu tenha contestado a demanda; e o ouvinte neutro confidencial (*confidential listener*), terceiro imparcial a quem as partes apresentam proposta com a finalidade de celebrarem um acordo, avaliando este terceiro a viabilidade de sua realização.[19]

Como salientado pelo Professor Luiz Fernando do Vale de Almeida Guilherme[20]:

> Os mecanismos extrajudiciais de solução de conflitos (MESCs), tem por finalidade de representar um caminho célere e eficaz, para se opor ao emperrado sistema de distribuição de justiça promovido pelo Estado.

Destacam-se, como principais métodos alternativos ao Poder Judiciário de solução de conflitos (Alternative Dispute Resolution – ADRs)[21], a negociação, a mediação, a conciliação e a arbitragem. Como salienta Eleonora Coelho, a expressão métodos alternativos, vem cedendo espaço para o termo métodos adequados (ou "adequade/appropriate dispute resolution") a

---

no Brasil e no direito alienígena. Revista Eletrônica do Curso de Direito da UFSM, Santa Maria, v. 1, n. 2, p. 3-21, jul. 2006.

19. CALMON, Petrônio. *Fundamentos da mediação e da conciliação*. Rio de Janeiro: Forense, 2007.

20. GUILHERME, Luiz Fernando do Vale de Almeida. Manual dos MESCs: Meios extrajudiciais de solução de conflitos. Barueri: Manole, 2016.

21. Atualmente utiliza-se a terminologia extrajudicial em substituição a alternativo, uma vez que a doutrina entende que "alternativo" é considerado pejorativo.

partir da constatação de que os conflitos são diferentes entre si, tanto em complexidade, quanto em peculiariedade e, assim, requerem ferramentas distintas para serem solucionados.[22]

Os ADRs não são simples alternativas ao Judiciário, e tampouco estes deveriam ser as únicas e ou a principais vias de solução dos conflitos, como acontece em nosso país e na maior parte dos países de tradição civilista. Os ADRs são mecanismos baseados na especialização e adequação de cada método a certo tipo de disputa[23]

Importante esclarecer que a expressão métodos adequados de resolução de conflitos, em descarte a duas outras formas usualmente utilizadas, que podem causar alguns embaraços, a saber: (a) métodos alternativos de resolução de conflitos e (b) métodos de solução consensual de conflitos.

O uso da palavra adequada na expressão permite, de plano, analisar que há opções entre os diversos meios de solução dos conflitos, tendo as partes escolhido justamente a opção mais adequada, isto é, a que melhor se amolda à situação concreta.

Tal constatação, por si só, já indica que o uso da expressão métodos alternativos não é o mais feliz, pois pode conduzir à ideia de que não existe meio mais adequado (já que alternativas podem ser opções de mesma eficiência) ou, pior ainda, que a solução preferencial (ou mais comum) é a decisão por terceiro, sendo a autocomposição apenas uma alternativa àquela.

---

22. COELHO, Eleonora. Desenvolvimento da cultura dos métodos adequados de solução de conflitos: Uma urgência para o Brasil. São Paulo: Gen Atlas, 2017.

23. De fato, a utilização da palavra alternativa traria a ideia de existência de uma via "oficial" (o Poder Judiciário), com a qual ADRs seriam concorrentes – concepção que se nega.

Com efeito, há soluções (trilhas) que são adequadas à resolução do conflito, mas que, apesar de não estarem no seio do Poder Judiciário, não são (ao menos totalmente) consensuais, como é o caso clássico da arbitragem.

Nesse sentir, cabe a melhor lição de Dinamarco sobre o impulso aos meios alternativos de solução de litígio:[24]

> Constitui tendência moderna o abandono do *fetichismo da jurisdição*, que por muito tempo fechou a mente dos processualistas e os impediu de conhecer e buscar o aperfeiçoamento de outros meios de tutela às pessoas envolvidas em conflitos. Os meios alternativos para solução destes ocupam hoje lugar de muito destaque na preocupação dos processualistas, dos quais vêm recebendo especial ênfase a conciliação e a arbitragem. Não visam a dar efetividade ao direito material, ou à *atuação da vontade concreta da lei* – isto é, não são movidos pelo escopo jurídico que por muitas décadas se apontou como a mola legitimadora do exercício da jurisdição do Estado. Mas, tanto quanto esta tem o *escopo pacificador* que é o verdadeiro fator de legitimidade da jurisdição mesma no Estado moderno. Por isso e que, ao se falar do direito substancial como portador dos critérios para a tutela *jurisdicional* e ao examinar as técnicas processuais capazes d efetivá-la em casos concretos, é preciso sempre ressalvar esses meios alternativos. Não importa se são ou não fiéis ao direito substancial, em cada caso: o importante é que sejam aptos a pacificar as pessoas e eliminar seus conflitos, fazendo-lhes justiça. Afinal, tudo que se interessa ao processualista moderno é o aclaramento e agilização dos meios de *acesso* à *ordem jurídica justa*, num sistema em que é estrela de primeira grandeza a preocupação dos resultados.

---

24. DINAMARCO, Cândido Rangel. *Fundamentos do processo civil moderno*. v. 2. n. 3. São Paulo: Malheiros Ed., p. 836-837.

Nesse sentido enfatizamos que para que os mecanismos extrajudiciais de resolução de controvérsias, passe a ser realidade no Brasil, é imprescindível a mudança da "cultura do litigio" hoje vigente, trata-se assim de implementar o chamado sistema multiportas.[25]

A negociação, a mediação e a conciliação são formas de autocomposição de conflitos, uma vez que as partes, com ou sem o auxílio de terceiro, solucionarão suas controvérsias.

Na negociação, as próprias partes buscam a solução do conflito, sem a participação de terceiros. Segundo, (GUILHERME, 2016), a negociação divide posições quanto à sua interpretação como um meio extrajudicial de ou não, enfatizando textualmente o seguinte:

> Na pratica, sendo interpretada como um instituto pertencente aos MESCs, é o púnico que não contém em sua essencialidade o uso de um terceiro, distante das partes litigantes, como ente corroborador com a justiça e com a finalização da lide.[26]

Na negociação, os agentes em embate "se encontram diretamente e, de acordo com as suas próprias estratégias e estilos, procuram resolver uma disputa ou planejar uma transação, mediante discussões que incluem argumentação e arrazoamento".[27]

---

25. O Conceito de "multi-door courthouse" foi sugerido pela primeira vez em 1976 por Frank E. A. Sander, professor de Havard, cujas idéias foram posteriormente publicadas em SANDER, Frank. *Varieties of dispute process.* Minnesota: West Publishing, 1979.
26. GUILHERME, Luiz Fernando do Vale de Almeida. Manual dos MESCs: Meios extrajudiciais de solução de conflitos. Barueri: Manole, 2016.
27. TAVARES, Fernando Horta. *Mediação e Conciliação.* Belo Horizonte, Mandamentos, 2002.

É um procedimento dinâmico em que as partes procuram chegar a um acordo que possa satisfazer a ambas, de modo que é necessária a contribuição de cada uma, possivelmente com concessões ou recebimento de elementos, até que seja encaminhada uma composição.

Uma diferença substancial entre ambos, isto é, na dinâmica de atuação dos mecanismos, é o fato de que no sistema convencional existe sempre a possibilidade de uma revisão.

Em relação à mediação e à conciliação, a diferença entre os instrumentos é tênue. Enquanto na mediação, o mediador, neutro e imparcial, auxilia as partes na composição do conflito, na conciliação, o conciliador, mantida a neutralidade e imparcialidade, pode exercer papel mais ativo na condução do diálogo, apresentação de sugestões e na busca pelo acordo.[28]

Luiz Antônio Scavone Júnior, aborda que o mediador, neutro, e imparcial, apenas auxilia as partes a solucionar o conflito, sem sugerir ou impor a solução ou mesmo interferir nos termos do acordo.[29]

Além dos métodos tradicionais de resolução de conflitos, é possível mencionar, ainda, os dispute boards, utilizados de forma pioneira nos Estados Unidos na década de 70, durante a construção do Eisenhower Tunnel no Colorado.

---

28. OLIVEIRA, Rafael Carvalho Rezende. A arbitragem nos contratos da Administração Pública e a Lei nº 13.129/2015: novos desafios. *Revista Brasileira de Direito Público – RBDP*, Belo Horizonte, ano 13, n. 51, out./dez. 2015. Disponível em: <http://www.bidforum.com.br/PDI0006.aspx?pdiCntd=239318>. Acesso em: 18 nov. 2017.

29. SCAVONE JUNIOR, Luiz Antonio. Manual de arbitragem: mediação e conciliação. 7. ed. Rio de Janeiro: Gen Forense, 2016. 9 p.

O dispute board, também conhecido como Comitê de Resolução de Conflitos, pode ser considerado órgão colegiado, geralmente formado por três experts, indicados pelas partes no momento da celebração do contrato, que tem por objetivo acompanhar a sua execução, com poderes para emitir recomendações e/ou decisões, conforme o caso.

A principal diferença entre a arbitragem e os disputes boards está no fato de que, no primeiro caso, a disputa será submetida ao árbitro, que não integra ou acompanha a execução do contrato, e, no segundo caso, a controvérsia será dirimida pelo colegiado de experts, que integra a relação contratual e acompanha a sua execução, com melhores condições, em tese, de prevenir e solucionar problemas, em virtude da redução da assimetria de informações e da celeridade da decisão.

Os "disputes boards", apesar da reduzida utilização no Brasil, podem representar um importante instrumento de solução de controvérsias, especialmente nos contratos de grande vulto econômico e complexidade da Administração Pública, tal como ocorre, por exemplo, nos contratos de infraestrutura.

Recentemente, três diplomas legais confirmaram a tendência na utilização de mecanismos extrajudiciais de solução de conflitos e pacificação social. Ao lado da Lei nº 13.105/2015, que instituiu o novo CPC e estabeleceu a arbitragem, a conciliação e a mediação como importantes instrumentos de solução de controvérsias (art. 3º, §§1º, 2º e 3º), vale destacar, também, a Lei nº 13.129/2015 e a Lei nº 13.140/2015, que trataram, respectivamente, da arbitragem e da mediação nas relações envolvendo a Administração Pública.

Deve partir do pressuposto que o monopólio da resolução de lides pelo Poder Judiciário apresenta falhas, seja pela morosidade decorrente de uma cultura de litigiosidade, seja pela possibilidade de questionamento da capacidade institucional do Estado-Juiz a solução de questões técnicas, nesse sentido enfatiza-se a teoria das capacidades institucionais

Enfatizaremos a arbitragem, entretanto, desde já salientamos que todos os meios extrajudiciais de solução de conflitos, fazem parte da mudança cultural, onde busca-se a efetiva institucionalização do sistema multiportas, com vistas a mudança da cultura do litigio, nesse sentido importante apresentar o conceito de Miguel Rale sobre as normas culturais[30]:

> De acordo com Miguel Reale, as chamadas normas culturais – que não necessariamente são normas jurídicas, caracterizam-se por se referirem a valores, ou, mais especificamente, por adequarem meios à realização de fins próprios ao homem (natureza teleológica).

1.3. A teoria da capacidade institucional e a escolha da arbitragem

Segundo Diego Werneck Argulhes e Fernando Leal a expressão "capacidades institucionais" tem sido cada vez mais

30. Pois bem, "cultura" é o conjunto de tudo aquilo que, nos planos material e espiritual, o homem constrói sobre a base da natureza, quer modifica-la, quer para modificar-se a si mesmo. É desse modo, o conjunto de utensílios e instrumentos, das obras e serviços, assim como das atitudes espirituais e formas de comportamento que o homem veio formando e aperfeiçoando, através da história, como cabedal ou patrimônio da espécie humana. Não vivemos no mundo de maneira indiferente, sem rumos ou sem fins. Ao contrário, a vida humana é sempre uma procura de valores. (...) O conceito de fim é básico para caracterizar o mundo da cultura. A cultura existe exatamente porque o homem, em busca da realização dos seus fins que lhe são próprios, altera aquilo que lhe é dado, alterando a si próprio (REALE, Miguel. *Lições preliminares de direito.* 2. ed. São Paulo: Bushatsky, 1974. p. 30).

usada como recurso argumentativo no debate constitucional brasileiro para orientar e criticar escolhas do Poder Judiciário entre diferentes cursos de decisão, bem como entre teorias sobre interpretação jurídica e de posturas alternativas diante das outras instituições políticas. Embora os usos da expressão não tenham sido uniformes, é possível identificar dois grandes padrões. De um lado, a referência às "capacidades" de juízes e tribunais pretende realçar as habilidades, recursos, condições e limitações concretas dessas instituições no exercício da função jurisdicional.[31]

A doutrina aponta como premissa: (i) considerar que algum grau de especialização funcional em prol de fins constitucionais comuns é um pressuposto normativo da separação de poderes; (ii) considerar que toda tentativa, por qualquer instituição, de atingir esses fins comuns é potencialmente falível, estando sujeita a graus variados (mas nunca iguais a zero) de erros e incertezas; (iii) a análise de diferentes alternativas de decisão deve se dar de acordo com suas possíveis consequências para a promoção de um mesmo valor ou objetivo.

Certamente o esquema de justificação sintetizado na fórmula "capacidades institucionais" pode contribuir, no mínimo, para que os métodos considerados tradicionais entre juristas para a solução de disputas interinstitucionais – que se desenvolvem sob disputas conceituais, construções teóricas, idealizações e a percepção estática das questões que conduzem às tensões entre instituições – possam incorporar mecanismos reflexivos sobre as condições reais de implementação de suas propostas.

31. ARGUELHES, Diego Werneck; LEAL, Fernando. O argumento das "capacidades institucionais" entre a banalidade, a redundância e o absurdo. Puc-RJ Revista Direito, Rio de Janeiro, p. 6-50, jun. 2011. Semestral.

Comparar vantagens e desvantagens de diferentes instituições capazes de oferecer respostas distintas para problemas de mesma natureza – sem violar expressamente regras e funções do desenho constitucional – é uma forma legítima e útil de orientar a composição de tensões interinstitucionais

Essas capacidades servem de base para se recomendar ou criticar a adoção de posturas mais ou menos deferentes às decisões de outras instituições e desta ou daquela teoria interpretativa ou concepção sobre como aplicar o direito vigente.

A teoria das capacidades institucionais sustentada por Cass Sunstein e Adrian Vermeule, pode ser utilizada para fazer um comparativo entre a via judicial estatal, onde verifica que o Magistrado é um generalista, com formação na área jurídica, em regra não possui conhecimento aprofundado em várias áreas como a Engenharia e construção civil, nos casos em que envolver questões técnicas, será necessária a nomeação de um perito (da confiança do juízo) para que manifeste sobre a questão e, com isso, fornecer subsídios para que o Juiz decida a lide.

Esta modelagem pode trazer problemas práticos, tais como: a) o fato de o perito ser da confiança do juiz, e não das partes, o que pode levar a decisões que não sejam concertadas com seus interesses; b) o fato de a decisão proferida pelo magistrado derivar da interpretação dele próprio – leigo no assunto técnico – irá realizar do laudo pericial, o que pode gerar uma decisão distorcida e/ou de difícil implementação prática.

Nesse contexto, a busca por meçanismos que garantam que a disputa será resolvida diretamente por técnicos como são na arbitragem, *dipute boards* e demais mecanismos extrajudiciais de resolução de conflitos, tendem a produzir decisões mais adequadas ao conflito.

A evolução do princípio da legalidade é bem descrita por Gustavo Binenbojm, que primeiramente o identifica como surgido de uma analogia entre o ato administrativo e a sentença judicial, em que o ato administrativo seria uma particularização dos mandamentos genéricos e abstratos da lei. Por ser tal definição distante da realidade, e considerando o poder político que é dado à Administração Pública e não ao Poder Judiciário, evoluiu a legalidade administrativa para uma veiculação negativa à lei, donde surgiu a noção de discricionariedade administrativa, garantindo a ação administrativa nos espaços não limitados pela lei.[32]

Discorrendo sobre "a crise da lei: da legalidade como vinculação positiva à lei ao princípio da juridicidade administrativa", leciona Binenbojm:

> (...) a Constituição, enquanto sistema de princípios (expressão deontológica de valores), ganha destaque como norma jurídica, irradiando seus efeitos por todo o ordenamento jurídico, que apenas poderá ser compreendido a partir da própria normativa constitucional, passando a falar numa constitucionalização do direito.
>
> A superioridade formal e a ascendência axiológica da Constituição sobre todo o ordenamento jurídico produzem uma importantíssima modificação no direito administrativo: a lei é substituída pela Constituição como a principal fonte desta disciplina jurídica [33](...).

Pelo princípio da juridicidade administrativa, portanto, está assente a ideia de que a vinculação negativa à lei por parte da Administração não tem mais o sentido de obediência à legalidade estrita, mas se subordina a todo o ordenamento jurídico.

32. BINENBOJM, Gustavo. Uma teoria do direito administrativo. Rio de Janeiro: Renovar, 2. edição, 2008, p. 129.

33. BINENBOJM, Gustavo. Uma teoria do direito administrativo. Rio de Janeiro: Renovar, 2. edição, 2008, p. 129.

Assim, com a crise da lei formal, a Constituição – seu complexo sistema de princípios e regras – passa a ser o elo de unidade a costurar todo o arcabouço normativo que compõe o regime jurídico administrativo. A superação do paradigma da legalidade administrativa só pode ocorrer com a substituição da lei pela Constituição como cerne da vinculação administrativa à juridicidade.

Todavia, o princípio da legalidade deve ser reinterpretado a partir do fenômeno da constitucionalização do Direito Administrativo, com a relativização da concepção da vinculação positiva do administrador à lei.

Não é possível conceber a atividade administrativa como mera executora mecânica da lei, sem qualquer papel criativo por parte do aplicador do Direito, sob pena de se tornar desnecessária a atividade regulamentar. A aplicação da lei, tanto pelo juiz como pela Administração Pública, depende de um processo criativo-interpretativo, sendo inviável a existência de lei exaustiva o bastante que dispense o papel criativo do operador do Direito. De fato, o que pode variar é o grau de liberdade conferida pela norma jurídica.

Com a crise da concepção liberal do princípio da legalidade e o advento do Pós-positivismo, a atuação administrativa deve ser pautada não apenas pelo cumprimento da lei, mas também pelo respeito aos princípios constitucionais, com o objetivo de efetivar os direitos fundamentais.

Desta forma, a legalidade não é o único parâmetro da ação estatal que deve se conformar às demais normas consagradas no ordenamento jurídico. A legalidade encontra-se inserida no denominado princípio da juridicidade, que exige a submissão da atuação administrativa à lei e ao Direito (art. 2º, parágrafo único, I, da Lei nº 9.784/1999). Em vez de simples adequação da atuação administrativa a uma lei específica, exige-se a compatibilidade dessa atuação com o chamado "bloco de legalidade".[34]

Segundo o Professor Rafael Carvalho Rezende Oliveira o princípio da juridicidade confere maior importância ao Direito como um todo, daí derivando a obrigação de se respeitar, inclusive, a noção de legitimidade do Direito. A atuação da Administração Pública deve nortear-se pela efetividade da Constituição e deve pautar-se pelos parâmetros da legalidade e da legitimidade, intrínsecos ao Estado Democrático de Direito.[35]

Entendemos que à luz do princípio da jurisdicidade, não é preciso regulamentações da arbitragem, uma vez que as partes no próprio procedimento, tem liberdade para realizar as definições e etapas do procedimento, tendo em vista atualmente a Lei nº 13.129/2015, permite, de forma categórica, a arbitragem pela Administração Pública Direta e Indireta, conferindo segurança jurídica à questão.

---

34. Sobre o princípio da juridicidade, vide: OTERO, Paulo. Legalidade e Administração Pública: o sentido da vinculação administrativa à juridicidade. Coimbra: Almedina, 2003; ZAGREBELSKY, Gustavo. El derecho dúctil. Ley, derechos, justicia, Madrid: Trotta, 2003, p. 39-40; MERKL, Adolfo. Teoría general del Derecho Administrativo. Granada: Comares, 2004, p. 206; OLIVEIRA, Rafael Carvalho Rezende. A constitucionalização do direito administrativo: o princípio da juridicidade, a releitura da legalidade administrativa e a legitimidade das agências reguladoras. 2. ed. Rio de Janeiro: Lumen Juris, 2010; MOREIRA NETO, Diogo de Figueiredo. Curso de direito administrativo. 15. ed. Rio de Janeiro: Forense, 2009, p. 87.

35. OLIVEIRA, Rafael Carvalho Rezende. A arbitragem nos contratos da Administração Pública e a Lei nº 13.129/2015: novos desafios. Revista Brasileira de Direito Público – RBDP, Belo Horizonte, ano 13, n. 51, out./dez. 2015. Disponível em: <http://www.bidforum.com.br/PDI0006.aspx?pdiCntd=239318>. Acesso em: 29 nov. 2017.

1.4. Princípio da boa-fé objetiva aplicada a arbitragem: "venire contra factum proprium non potest", supressio e surrectio

O princípio da boa-fé tem sua origem no estoicismo, em Atenas, no início do século III antes de Cristo. Mais tarde, a boa-fé foi introduzida no direito romano por Marco Túlio Cícero (106-43 a.C) como princípio norteador das relações jurídicas, aliando a honestidade (ética) ao direito.

Sobre o tema Niklas Luhmann aduz a confiança, gerada a partir da autoapresentação constante e consciente das partes no interior de um sistema, como elemento fundamental para a redução da complexidade social. Nas relações jurídicas, a confiança legítima tornou-se princípio cuja proteção garante estabilidade e previsibilidade diante das mudanças repentinas e contraditórias do vínculo entre as partes.[36]

A confiança é mecanismo que assegura a convivência social, mediante a redução de complexidade dos sistemas, ante a significativa redução de possibilidades previsíveis e imprevisíveis. Niklas Luhmann desenvolveu importante estudo utilizando a confiança como elemento sociológico fundamental e as suas definições e conclusões devem ser utilizadas como premissas para a análise da necessidade de existência e de proteção da confiança, no sistema jurídico.

A confiança pode ser objeto das mais diversas ciências, da Psicologia à Sociologia e do Direito, inclusive na arbitragem. Em sua obra sobre o tema, Niklas Luhmann[37] destaca a

36. LUHMANN, Niklas. Confianza. Trad. Amanda Flores. Santiago: Anthropos Universidad IberoAmericana, 1996. p. 15.

37. LUHMANN, Niklas. Confianza. Trad. Amanda Flores. Santiago: Anthropos Universidad IberoAmericana, 1996. p. 15.

confiança como mecanismo para a redução da complexidade social. A confiança seria uma garantia para o presente em face de expectativas, previsíveis e variáveis, do futuro. Aquele que tem confiança orienta as suas ações como se o futuro fosse certo. Os atos com confiança reduzem as possibilidades futuras e tornam mais estáveis e menos incertas as relações sociais. Logo, a confiança teria o poder de neutralizar ou ao menos minimizar as modificações inerentes à passagem do tempo. Nas palavras de Luhmann:

> Mostrar confiança é antecipar o futuro. É comportar-se como se o futuro fosse certo. Pode-se dizer que, através da confiança, o tempo se invalida ou, pelo menos se invalidam as diferenças do tempo. Isso é a base para o ensinamento da moral que parte do antagonismo oculto para com o tempo, recomendando uma atitude de confiança como caminho até a atemporalidade, através da independência do passar do tempo.[38]

A ideia de proteção de expectativas criadas e de responsabilidade decorrente da defraudação da confiança, no Direito Civil, teve o seu alvorecer na Alemanha, especialmente com os estudos de Claus-Wilhelm Canaris, em sua obra: Da confiança no Direito Privado alemão.

O desenvolvimento posterior do instituto colocou a confiança como fundamento de diversas decisões dos Tribunais Constitucionais europeus, sobretudo os de Portugal e da Espanha, a ponto de merecer uma teoria autônoma, conforme propôs Manoel Carneiro da Frada:

---

38. LUHMANN, Niklas. Confianza. Trad. Amanda Flores. Santiago: Anthropos Universidad IberoAmericana, 1996.

> O processo de dogmatização da confiança parece em si relativamente recente. O que se pode estranhar se tiver em conta a existência de uma série de normas e institutos, clássicos no Direito, que se apresentam relacionados com situações de confiança; pense-se, por exemplo, entre outros, na usucapião a favor do possuidor de boa-fé, na venda de bens alheios ou no casamento putativo. É aliás seguramente de presumir que, desde tempos imemoriais, a confiança e a necessidade da sua tutela tenham sido argumentos recorrentes na decisão dos litígios. O que ocorre porém é que eles não foram, senão perto já da época actual, objecto precípuo de reflexão e estruturação. Uma perspectiva diacrónica parece, assim, confortar de algum modo a idéia de uma diferenciação e autonomização progressiva da confiança no seio do jurídico. Nesse movimento se inserem em todo caso as conclusões essenciais deste estudo.[39]

A boa-fé objetiva já era prevista no Código Comercial de 1850 como cláusula geral, em seu art. 131, inciso I, como elemento importante para a interpretação dos negócios jurídicos: "Sendo necessário interpretar as cláusulas do contrato, a interpretação, além das regras sobreditas, será regulada sobre as seguintes bases: I a inteligência simples e adequada, que for mais conforme a boa-fé, e ao verdadeiro espírito e natureza do contrato, deverá sempre prevalecer à rigorosa e restrita significação das palavras (...)".[40]

---

39. FRADA, Manoel Antônio de Castro Portugal Carneiro da. Teoria da confiança e responsabilidade civil. Lisboa: Almedina, 2002. p. 34-35.

40. CARVALHO, Diógenes Fárias de; PEREIRA, Paulo Guimarães. A boa-fé objetiva como parâmetro de análise dos contratos administrativos. Fórum de Contratação e Gestão Pública – FCGP, Belo Horizonte, ano 2, n. 23, nov. 2003. Disponível em: <http://www.bidforum.com.br/PDI0006.aspx?pdiCntd=8463>. Acesso em: 28 nov. 2017.

Segundo o Professor Fernando Tartuce os anos iniciais da codificação privada de 2002 já foram suficientes para a delimitação básica das molduras das cláusulas gerais. O Código Civil de 2002, foi construído sob a égide de três princípios: a eticidade, a socialidade e a operabilidade. Ao discorrer sobre a eticidade, esclarece que é frequente no vigente Código Civil "a referência à probidade e à boa-fé, assim como à correção (corretezza)", ao contrário do que ocorria com o Código anterior, "demasiado parcimonioso nessa matéria, como se tudo pudesse ser regido por determinações de caráter estritamente jurídicas".[41]

Na boa-fé subjetiva procura-se analisar o estado de consciência do agente no momento da produção do ato jurídico, ou seja, procura-se analisar as intenções do agente, já na boa-fé objetiva é uma norma de conduta esperada dos parceiros contratuais, ou seja, é um dever jurídico imposto as partes contratantes. Em linhas gerais, o que espera dos contratantes é uma conduta recíproca de cooperação, um respeito mútuo, um agir leal e honesto que dignifique o exercício de sua capacidade civil com vistas à construção de uma sociedade justa, fraterna e solidária. A cláusula geral de boa-fé objetiva se aplica não só as relações jurídicas de direito obrigacional, mas também as relações jurídicas existenciais.[42]

A proteção da confiança legítima no Direito Civil, com a efetividade dada à máxima "nulli concedictur venire contra

41. TARTUCE, Flávio. Arbitragem. Algumas interações entre o direito material e o direito processual. Função social do contrato, ética na arbitragem e abuso processual. Revista Brasileira de Direito Processual – RBDPro, Belo Horizonte, ano 18, n. 70, abr./jun. 2010. Disponível em: <http://www.bidforum.com.br/PDI0006.aspx?pdiCntd=67214>. Acesso em: 29 nov. 2017.

42. MELLO, Cleyson de Moraes. Direito Civil – Contratos. 2. ed. Rio de Janeiro: Freitas Bastos Editora, 2017, p. 76-77.

factum proprium", serve como garantia da previsibilidade nas relações privadas. Sendo a previsibilidade subordinada ao imperativo da justiça, ambas as partes da relação civil podem invocar a proteção da confiança legítima, apontando comportamentos contraditórios e requerendo a aplicação de algum efeito reparador (indenização ou manutenção da situação do confiante).

Luiz Antônio Scavone Júnior enfatiza que da convenção de arbitragem que é um acordo de vontades, surgem duas obrigações, ou seja, a obrigação de não fazer, que implica em não ingressar com pedido junto ao Poder Judiciário e, consequentemente de fazer, que consiste em levar os conflitos a solução arbitral.[43]

Assim, violando esses deveres que decorrem da própria natureza jurídica da escolha da solução arbitral, haverá a violação do princípio da boa-fé objetiva e todos os seus parcelares, conforme abordaremos a seguir.

Como supramencionado a confiança pode ser objeto das mais diversas ciências, da Psicologia à Sociologia e do Direito, inclusive na arbitragem, e a propósito, em relação ao árbitro, como incidência da eticidade e da boa-fé, infere-se que deve ele ser independente, imparcial, diligente e competente. Deve ainda agir com discrição e lealdade. O árbitro tem a sua atuação guiada como se funcionário público fosse, conforme dispõe o art. 17 da Lei de Arbitragem, cuja redação é a seguinte:

> "Os árbitros, quando no exercício de suas funções ou em razão delas, ficam equiparados aos funcionários públicos, para os efeitos da legislação penal".

---

43. SCAVONE JUNIOR, Luiz Antonio. Manual de arbitragem: mediação e conciliação. 7. ed. Rio de Janeiro: Gen Forense, 2016, p. 84.

Ao comentar o comando legal, ensina Carlos Alberto Carmona que a norma traz uma orientação mais agressiva, "tendente a fornecer maior respeitabilidade a este método de solução de litígios; ficam os árbitros agora sujeitos aos termos da lei penal na eventualidade de cometerem atos que denotem desvio de finalidade da função para a qual foram nomeados".[44]

A nova dimensionalidade ética deve ser, também, aplicada ao procedimento arbitral, essa é uma mudança de valores éticos que perpassa e adorna com novas cores as relações interprivadas. Dessa maneira, os princípios da liberdade contratual e autonomia da vontade não são condicionados pelos limites traçados pelo ordenamento jurídico, mas também conformados e temperados pelos princípios da boa-fé, probidade, transparência, eticidade, equilíbrio econômico.

O art. 421 do Código Civil, diz que "a liberdade de contratar será exercida em razão e nos limites da função social do contrato", esta regra jurídica denota uma ruptura epistemológica da visão liberal individualista do século XIX em direção a uma concepção contratual voltada ao interesse social e o bem comum. São novos valores éticos-jurídicos incorporados ao Código Civil de cariz socializante.[45]

A convenção de arbitragem, é instituto fundamentalmente mais amplo que a própria arbitragem, uma vez que como salientamos, será por intermédio daquela que essa será instituída, com intuito de resolução extrajudicial de conflitos de interesses, nesse sentido a doutrina acentua a natureza contratual, assim, necessária a observação de que contrato é fonte negocial do

44. CARMONA, Carlos Alberto. Arbitragem e Processo: um comentário à Lei nº 9.307/96. 2. ed. São Paulo: Atlas, 2007. 225 p.

45. MELLO, Cleyson de Moraes. Direito Civil – Contratos. 2. ed. Rio de Janeiro: Freitas Bastos Editora, 2017. 74 p.

direito, daí a sua imperatividade, formado o contrato, as partes contratantes estão entre si vinculadas, ou seja, devem cumprir o que foi pactuado. Uma das derivações deste princípio, é o surgimento do principio da intangibilidade do pacto, isto é, o que foi pactuado deve ser cumprido.

O princípio da boa-fé objetiva trata-se de um preceito de ordem pública, é um padrão concreto de conduta reta, proba, íntegra, zelosa que os contratantes devem guardar entre si. O código civil de 1916 relacionava a boa-fé objetiva com a intenção do sujeito de direito, estudada quando da análise dos institutos possessórios, por exemplo. Sendo conceituada de boa-fé subjetiva.

O Código Civil Italiano traz expresso o princípio da boa-fé em uma cláusula geral: Art. 1374 – Execução de boa-fé – o contrato deve ser executado segundo a boa-fé.

O Código Civil Português, de 1966, sob a influência da cultura jurídica germânica, também fez incluir o princípio da boa-fé objetiva no direito obrigacional, nos artigos 227, I, 239, 437 e, especificamente, no artigo 762, 2ª alínea, que dispõe: "No cumprimento da obrigação, assim como no exercício do direito correspondente, devem as partes proceder de boa-fé".

Pelo código civil de 2002 a boa-fé é analisada de acordo com à conduta das partes, sendo chamada de objetiva, nesse sentido é sua redação no artigo 422, textualmente transcrito a seguir:

> Art. 422. Os contratantes são obrigados a guardar, assim na conclusão do contrato, como em sua execução, os princípios de probidade e boa-fé.

Está vinculado a uma conduta que envolve confiança, lealdade, cooperação entre os parceiros contratuais. Deve ser observada em todas as fases de formação do contrato (antes-conclusão-execução), suas bases envolvem: a) confiança, b) lealdade, c) cooperação.

Figuras parcelares da boa-fé objetiva: a) *Venire contra factum proprium*: vedação ao comportamento contraditório. São necessários quatro requisitos para a configuração do *venire*, quais sejam: Comportamento, Uma expectativa, Investimento na expectativa gerada, Comportamento contraditório.

Aplicando-se a arbitragem, caso uma das partes convencione em cláusula ou compromisso arbitral a realização do sistema arbitral para a solução extrajudicial de controvérsias, a violação desse pacto violará os princípios da força obrigatória dos pactos e principalmente da boa-fé objetiva e a sua figura parcela da vedação das manifestações contraditórias. b) *Supressio*: significa supressão (redução do conteúdo obrigacional) em razão de uma inação (omissão/inércia) prolongada e c) *Surrectio*: significa ampliação do conteúdo obrigacional.[46]

46. REsp 95539 / SP RECURSO ESPECIAL 1996/0030416-5 Ministro RUY ROSADO DE AGUIAR (1102). 4ª Turma PROMESSA DE COMPRA E VENDA. CONSENTIMENTO DA MULHER. ATOS POSTERIORES. "VENIRE CONTRA FACTUM PROPRIUM". BOA-FE. PREPARO. FERIAS. 1. TENDO A PARTE PROTOCOLADO SEU RECURSO E, DEPOIS DISSO, RECOLHIDO A IMPORTANCIA RELATIVA AO PREPARO, TUDO NO PERIODO DE FÉRIAS FORENSES, NÃO SE PODE DIZER QUE DESCUMPRIU O DISPOSTO NO ARTIGO 511 DO CPC. VOTOS VENCIDOS. 2. A MULHER QUE DEIXA DE ASSINAR O CONTRATO DE PROMESSA DE COMPRA E VENDA JUNTAMENTE COM O MARIDO, MAS DEPOIS DISSO, EM JUIZO, EXPRESSAMENTE ADMITE A EXISTENCIA E VALIDADE DO CONTRATO, FUNDAMENTO PARA A DENUNCIAÇÃO DE OUTRA LIDE, E NADA IMPUGNA CONTRA A EXECUÇÃO DO CONTRATO DURANTE MAIS DE 17 ANOS, TEMPO EM QUE OS PROMISSARIOS COMPRADORES EXERCERAM PACIFICAMENTE A POSSE SOBRE O IMOVEL, NÃO PODE DEPOIS SE OPOR AO PEDIDO DE

O *Venire contra factum proprium* atinge diretamente o princípio da confiança. Por ele a pessoa não pode desdizer o que disse, retirar o valor da promessa em determinado negócio jurídico em momento posterior, ou seja, não é dada alteração na postura inicial de um negócio após se portar de um mesmo modo por determinado período, uma vez que já criou uma certa expectativa na parte contrária.[47]

A vedação de práticas manifestamente contraditórias, em síntese, atinge diretamente o dever acessório da confiança porque infere uma perspectiva contratual, mediante condutas direcionadas para uma determinada finalidade e, posteriormente, atua de forma contraditória afetando a perspectiva que a parte contratante mantinha na avença. As partes deverão manter a retidão de conduta anterior não podendo quebrar a estabilidade da boa-fé objetiva, porque, em tese, já definiram a expectativa gerada no contrato. Representa desdizer o que já disse.[48]

FORNECIMENTO DE ESCRITURA DEFINITIVA. DOUTRINA DOS ATOS PROPRIOS. ART. 132 DO CC. 3. RECURSO CONHECIDO E PROVIDO.

47. O direito moderno não compactua com o *venire contra factum proprium*, que se traduz como o exercício de uma posição jurídica em contradição com o comportamento assumido anteriormente (MENEZES CORDEIRO, Da Boa-fé no Direito Civil, 11/742). Havendo real contradição entre dois comportamentos, significando o segundo quebra injustificada da confiança gerada pela prática do primeiro, em prejuízo da contraparte, não é admissível dar eficácia à conduta posterior. (Resp n. 95539-SP Relator Ministro RUY ROSADO DE AGUIAR)

48. 2008.001.07667 – APELACAO CIVEL – 1ª Ementa DES. SERGIO CAVALIERI FILHO – Julgamento: 12/03/2008 – DECIMA TERCEIRA CAMARA CIVEL CONDOMÍNIO. Cobrança de Cotas Condominiais. Companheira do Falecido Proprietário. Obrigação Propter Rem. Posse Direta. Legitimidade passiva ad causam. O pagamento da cota condominial é um dever do condômino, seja ele proprietário (posse indireta) ou possuidor

A supressio é situação do direito que deixou de ser exercida em determinado momento.[49] A parte quebra o dever de confiança e deixa de agir em determinada situação, ocasionando assim prejuízo à outra parte. Significa supressão, renúncia tácita, perda de uma situação jurídica.[50]

(posse direta e originária ou derivada) (CC/02, arts. 1333, caput c/c 1334, I c/c 1336, I; Lei 4591/64, arts. 9º, §§ 2º e 3º, I; 12, caput). Ou seja, o responsável pelo pagamento das despesas condominiais não será apenas o proprietário, mas também o ocupante/possuidor direto do imóvel, máxime porque ele (possuidor) é quem efetivamente causa as despesas que deverão ser rateadas entre os condôminos. Portanto, o proprietário não é o exclusivo responsável pelas cotas condominiais, para as quais também concorrerão todos quantos tenham a posse sobre a unidade. Nas ações de cobrança de cotas condominiais, prevalece o interesse geral dos condôminos. Consequentemente, o condomínio credor tem a faculdade de exigir o pagamento do respectivo débito tanto do proprietário (posse indireta) quanto do possuidor (posse direta e originária ou derivada). *In casu*, é incontroversa a posse direta da recorrida, a qual, inclusive, não nega a possível qualidade de co-herdeira do bem. Demais disso, a apelada firmou pactos de parcelamento de dívidas condominiais, exatamente na qualidade de condômina. Por isso, não lhe é lícito, neste momento, adotar comportamento contraditório com sua conduta anteriormente adotada (nemo potest venire contra factum proprium), sob pena de quebra da confiança legítima e da boa-fé objetiva. Provimento do recurso.

49. REsp 214680 / SP RECURSO ESPECIAL 1999/0042832-3 Min. Ruy Rosado CONDOMÍNIO. Área comum. Prescrição. Boa-fé. Área destinada a corredor, que perdeu sua finalidade com a alteração do projeto e veio a ser ocupada com exclusividade por alguns condôminos, com a concordância dos demais. Consolidada a situação há mais de vinte anos sobre área não indispensável à existência do condomínio, é de ser mantido o statu quo. Aplicação do princípio da boa-fé (suppressio). Recurso conhecido e provido.

50. REsp 356821 / RJ RECURSO ESPECIAL 2001/0132110-4 Min. Nancy Andrighi Processual Civil. Civil. Recurso Especial. Prequestionamento. Condomínio. Área comum. Utilização. Exclusividade. Circunstâncias concretas. Uso prolongado. Autorização dos condôminos. Condições físicas de acesso. Expectativa dos proprietários. Princípio da boa-fé objetiva. – O Recurso Especial carece de prequestionamento quando a questão federal suscitada não foi debatida no acórdão recorrido. – Diante das circunstâncias concretas dos autos, nos quais os proprietários de duas unidades condominiais fazem

Por fim, a surrectio, traduz o exercício continuado de uma situação jurídica ao arrepio do convencionado ou do ordenamento implica nova fonte de direitos subjetivos. Síntese: a supressio significa perda e a surrectio é o surgimento de um direito.[51]

Nesse aspecto ético, que é englobado pela boa-fé objetiva, a ética na arbitragem é regulamentada pelas próprias câmaras arbitrais. Flavio Tartuce em artigo cientifico apresenta o exemplo da Câmara de Arbitragem e Mediação de São Paulo (FIESP/CIESP) que dispõe no art. 5º do seu Regulamento que não poderá ser nomeado árbitro aquele que: a) for parte no litígio; b) tenha intervindo no litígio como mandatário de qualquer das partes, testemunha ou perito; c) for cônjuge ou parente até o terceiro grau de qualquer das partes, de procurador ou advogado; d) participar de órgão de direção ou administração de pessoa jurídica que seja parte no litígio, ou participe de seu capital; e) for amigo íntimo ou inimigo de qualquer das partes, ou de seu procurador; f) for por qualquer outra forma interessado, direta ou indiretamente, no julgamento da causa em favor de qualquer das partes ou ter-se manifestado anteriormente, opinando sobre o litígio ou aconselhando alguma

---

uso exclusivo de área de propriedade comum, que há mais de 30 anos só eram utilizadas pelos moradores das referidas unidades, pois eram os únicos com acesso ao local, e estavam autorizados por Assembléia condominial, tal situação deve ser mantida, por aplicação do princípio da boa-fé objetiva.

51. ACi nº1.0024.03.263299-5/002. 16ª Câmara Cível. TJMG. DIREITO CIVIL. LOCAÇÃO RESIDENCIAL. Situação jurídica continuada ao arrepio do contrato. Cláusula de preço. Fenômeno da surrectio a garantir seja mantido o ajuste tacitamente convencionado. Situação criada ao arrepio de cláusula contratual livremente convencionada pela qual a locadora aceita, por certo lapso temporal, aluguel a preço inferior àquele expressamente ajustado, cria, à luz do Direito Civil moderno, novo direito subjetivo, a estabilizar a situação de fato já consolidada, em prestígio ao princípio da Boa-fé contratual.

das partes; g) ter atuado como mediador, antes da instituição da arbitragem, salvo convenção em contrário das partes.[52]

Eventualmente, pelas regras da eticidade, dispõe ainda o regulamento que, se ocorrer qualquer dessas hipóteses, compete ao árbitro declarar, a qualquer momento, o próprio impedimento ou suspeição e recusar a nomeação; ou apresentar renúncia, mesmo quando tenha sido indicado por ambas as partes. Trata-se do chamado dever de revelação do árbitro quanto às questões que possam impedir um julgamento justo e ponderado. Em casos tais, ficará ele pessoalmente responsável pelos danos que vier a causar pela inobservância desse dever.

Para Anderson Schreiber, destacado civilista que explorou tão bem o assunto, a vedação do comportamento contraditório está baseada no princípio constitucional da solidariedade social, retirado do art. 3º, inc. I, da Constituição da República, em cujo texto também repousa a valorização da boa-fé objetiva. Mais à frente, o jurista fluminense traz à tona dois interessantes exemplos de aplicação do venire na seara processual:[53]

> a) Foi proferida uma sentença homologatória de apuração de haveres de uma sociedade em relação a um sócio falecido. No curso do processo, em primeira instância, o espólio do falecido elogiou o trabalho do perito. Posteriormente, em sede de apelação, o espólio resolveu impugnar o mesmo laudo, de forma contraditória. Diante da máxima que

---

52. TARTUCE, Flávio. Arbitragem. Algumas interações entre o direito material e o direito processual. Função social do contrato, ética na arbitragem e abuso processual. Revista Brasileira de Direito Processual – RBDPro, Belo Horizonte, ano 18, n. 70, abr./jun. 2010. Disponível em: <http://www.bidforum.com.br/PDI0006.aspx?pdiCntd=67214>. Acesso em: 29 nov. 2017.

53. SCHREIBER, Anderson. A proibição de comportamento contraditório. Tutela da confiança e venire contra factum proprium. 2. ed. Rio de Janeiro: Renovar, 2007, p. 107.

decorre do venire, o Tribunal de Justiça do Rio de Janeiro confirmou a sentença, negando seguimento ao recurso (TJRJ, Apelação cível nº 2.699/97, de 3 de março de 1998, Rel. Des. Wilson Marques).[54]

b) Em um caso português, uma empregadora, condenada em primeira instância por revelia, alegou falta de citação válida no processo para fundamentar a sua apelação, o que geraria nulidade processual. "Alegou a sociedade que o endereço a que se encaminhou a citação era equivocada, mas, diante das provas apresentadas pelo empregado, admitiu que lá recebesse outras espécies de correspondências"[55]. O Tribunal de Relação de Évora confirmou a sentença, ficando clara a existência de comportamentos contraditórios no processo. A decisão faz menção expressa ao venire contra factum proprium.[56]

A boa-fé e seus parcelares segundo Anderson Schreiber, tem aplicação no sistema arbitral, o autor enfatiza configurar a venire contra factum proprium non potest no caso em que as partes de um contrato elegem a arbitragem e depois alegam nulidade da cláusula compromissória, esse postulado pode ser utilizado inclusive em desfavor da Administração Pública, não seria cabível pela boa-fé objetiva, convencionar a solução arbitral e depois alegar algum vicio para justamente fugir do sistema.[57]

---

54. SCHREIBER, Anderson. A proibição de comportamento contraditório. Tutela da confiança e venire contra factum proprium. 2. ed. Rio de Janeiro: Renovar, 2007, p. 227.
55. SCHREIBER, Anderson. A proibição de comportamento contraditório. Tutela da confiança e venire contra factum proprium. 2. ed. Rio de Janeiro: Renovar, 2007, p. 240.
56. SCHREIBER, Anderson. A proibição de comportamento contraditório. Tutela da confiança e venire contra factum proprium. 2. ed. Rio de Janeiro: Renovar, 2007, p. 241.
57. TARTUCE, Flávio. Arbitragem. Algumas interações entre o direito material e o direito processual. Função social do contrato, ética na arbitragem e abuso processual. Revista Brasileira de Direito Processual – RBDPro, Belo Horizonte,

Caso interessante sobre o tema é referente a Copel Distribuição S/A, a Sociedade de Economia Mista, integrante da Administração Indireta do Estado do Paraná e a Energia Rio Pedrinho S/A, elegeram a arbitragem como forma de solução de conflitos deles advindos, referentes ao contrato de compra e venda de energia elétrica.

Surgido à controvérsia referente ao pagamento da energia elétrica adquirida foram instauradas arbitragens na Câmara de Arbitragem da Fundação Getúlio Vargas – FGV. Note-se a Sociedade de Economia Mista Paranaense já havia realizado a convenção de arbitral elegendo o sistema arbitral como mecanismo extrajudicial de solução de controvérsias, alegou de forma manifestamente contraditória alegou a indisponibilidade do interesse público, por integrar a Administração Pública, para eximir-se do que legalmente havia firmado, nobre foi a decisão do Egrégio Tribunal de Justiça do Estado do Paraná, em sede de Agravo de Instrumento, que combatia liminar proferida em sede de ação popular:

> "(...) por isso afirmo, que as alegações da Copel não são maduras, mas sim, inconvenientes, e visam, em última análise impedir, por via oblíqua (a propalada ação popular), alterar todo o regime jurídico instituído pela Lei nº 9.307/96. Seria muito conveniente eleger um árbitro, pagar com dinheiro público, frise-se e depois, de maneira simplória, por meio das ações judiciais, alegar o direito discutido na arbitragem é indisponível (compra e venda) e, portanto, não pode prosseguir. Simplesmente ininteligível".[58]

ano 18, n. 70, abr./jun. 2010. Disponível em: <http://www.bidforum.com.br/PDI0006.aspx?pdiCntd=67214>. Acesso em: 29 nov. 2017.

58. ARBITRÁGEM. SOCIEDADE DE ECONOMIA MISTA. DECISÃO PROFERIDA EM AÇÃO POPULAR QUE DEFERIU PEDIDO PARA

Da convenção de arbitragem, em suas duas dimensões, seja cláusula ou compromisso de arbitragem, surgem obrigações que devem ser estudadas e compatibilizadas com a nova ordem constitucional, o conceito de obrigação teve sua origem no direito romano. A obrigação (obligatio) no direito clássico era uma relação jurídica pela qual o devedor (debitor) estava obrigado a uma prestação ao seu credor (creditor), sendo facultado a este, no caso do não cumprimento da obrigação, demandá-lo por meio de uma actio in personam, executando contra ele a sentença. Assim, possuía o credor em face do devedor um direito de crédito derivado da obrigação.[59]

Hoje, o adimplemento deve ser estudado a luz de aspectos éticos, de forma objetiva e não apenas subjetivamente, a boa-fé objetiva em decorrência da constitucionalização do ordenamento jurídico, produz efeitos no campo do direito

---

SUSPENSÃO DO PROCESSO ARBITRAL, AO ARGUMENTO DE CONEXÃO POR PREJUDICIALIDADE EXTERNA. INADMISSIBILIDADE. COMPRA E VENDA DE ENERGIA ELÉTRICA. DIREITO DISPONÍVEL. DISCUSSÃO DA VALIDADE DO CONTRATO NO ÂMBITO DO PROCESSO DE ARBITRÁGEM. POSSIBILIDADE. INTERPRETAÇÃO DOS ART. 8º E 25 DA LEI 9.307/96. RECURSO PROVIDO. De acordo com o que estatui a Lei 9.307/96, é necessária a suspensão do processo de arbitragem toda vez que surgir, no seu âmbito, questão prejudicial sobre direitos indisponíveis, ou seja, quando a matéria não pode ser objeto de convenção de arbitragem. Comercialização de energia elétrica, e as obrigações daí decorrente, é direito disponível, conceito que se extrai do art. 4º, §§ 5º e 7º, da Lei 10.848/04. Ademais, o art. 8º da Lei 9.307/96 é taxativo ao estatuir que aos árbitros é atribuída a tarefa de "decidir as questões acerca da existência, validade e eficácia ... do contrato que contenha a cláusula compromissória." (TJ-PR – AI: 1748749 PR 0174874-9, Relator: Fernando César Zeni, Data de Julgamento: 18/10/2005, 1ª Câmara Cível, Data de Publicação: 25/11/2005 DJ: 7002).

59. KASER, Max. Direito romano privado. Lisboa: Calouste Gulbenkian, 1999. p. 191.

material e principalmente do processual, onde enfatizamos o sistema arbitral, que a nosso ver é jurisdição, um vez que mesmo que conduzida por um particular, no presente caso o árbitro, esse será detentor de quase todos os poderes atribuídos ao Magistrado Togado, pertencente ao Poder Judiciário.

1.5. Princípio da publicidade, acesso a informação e a confidencialidade

Entendemos que dentre os princípios constitucionais trazidos pela Constituição Federal de 1988, o princípio da publicidade, descrito no artigo 5º, inciso LX, que estabelece a possibilidade de restrição, mas não eliminação, à informação dos atos processuais, uma vez que devem ser públicos, tem sua aplicação, também, no sistema arbitral, primeiro em decorrência da natureza jurisdicional e segundo devido que a publicidade é a regra de todos os atos e manifestações da Administração Pública, obviamente incluindo os procedimentos arbitrais que as pessoas políticas e suas entidades figurarem como partes e/ou interessadas.

Este princípio trata de direito fundamental que visa permitir o controle da opinião pública sobre os serviços da jurisdição, inclusive a arbitral, máxime sobre o poder de que foi investido o juiz.

Desta forma, há uma íntima relação entre os princípios da publicidade e da motivação das decisões, na medida em que a publicidade torna efetiva a participação no controle das decisões; trata-se de verdadeiro instrumento de eficácia da garantia da motivação das decisões.

A Lei 13.129/15, reformou a Lei 9.307/96, introduzindo regras específicas, e no artigo 2º, parágrafo 3º, indica expressamente que a arbitragem com Administração Pública,

Direta e Indireta deverá respeitar o princípio da publicidade. Pretendia a regra sanar, de uma vez por todas, as dúvidas sobre a publicidade de procedimentos arbitrais envolvendo a administração pública.

Tal, previsão normativa é importante uma vez que conforme acima salientamos é um dos princípios do procedimento, bem como de toda a atuação da Administração Pública, a transparência que possibilita uma fiscalização rigorosa, dos Tribunais de Contas, bem como de toda a sociedade civilmente organizada, que a nosso ver é uma decorrência do regime democrático de direito que o Estado brasileiro está submetido.

Benigno Cavalcante e Alessando Zenni em artigo intitulado princípio da publicidade nos procedimentos arbitrais elucidam que não se deve desmerecer atenção à questão da publicidade dos atos e procedimentos arbitrais, tendo-se em vista a evolução e o aprimoramento do instituto da arbitragem, não só no Brasil, mas considerando-se o contexto do mundo globalizado.[60]

Segundo Cristiane Maria Henrichs de Souza Coutinho[61], citando José Carlos de Magalhães e Luiz Olavo Baptista:

> Os juristas há muito tempo, procuram enquadrar a natureza jurídica do instituto, tendo-se formado três doutrinas: a) uma de natureza puramente contratual, considerando que as partes, ao firmarem o compromisso, se obrigam

---

60. CAVALCANTE, Benigno; ZENNI, Alessandro. O PRINCÍPIO DA PUBLICIDADE NOS PROCEDIMENTOS ARBITRAIS. Revista Jurídica Cesumar, Maringá, v. 10, n. 1, p.261-274, 2010. Semestral. Disponível em: <http://periodicos.unicesumar.edu.br/index.php/revjuridica/article/view/982/1011>. Acesso em: 06 dez. 2017.
61. COUTINHO, Cristiane Maria Henrichs de Souza. Arbitragem e a Lei n. 9.307/96. Rio de Janeiro, RJ: Forense, 1999.

a cumprir o laudo, em virtude do princípio da obrigatoriedade dos contratos; o seu descumprimento obriga as partes a buscarem a chancela estatal, pois ausente no árbitro poder jurisdicional; b) outra considerando o juízo arbitral verdadeira jurisdição, por ser atividade sucedânea e complementar do Poder Judiciário cujo laudo, sendo ato mais importante, seria resultado de uma atividade pública delegada ao árbitro; c) ainda uma terceira, considerando as outras duas muito extremadas, conferiu natureza mista ao instituto, pois o mesmo teria base contratual, pelo compromisso, de características estritamente consensuais, estabelecendo as diretrizes do Juízo Arbitral que instituiu. Mas o laudo arbitral, embora tivesse seu fundamento e seus limites no referido compromisso, não seria ato integrativo do mesmo e seus efeitos decorreriam da lei e não da vontade das partes. Portanto a arbitragem seria contratual no seu fundamento inicial e também jurisdicional, ante a natureza pública do laudo arbitral.

Luís Filipe Colaço Antunes, autor português, em ensaio sob o título "Mito e Realidade da Transparência Administrativa", parte da noção de transparência administrativa, que segundo ele surgiu em meados da década de 70 como reação contra o segredo. Essa noção está ligada à de "casa de vidro", imagem que se aplica à Administração democrática, aduzindo em síntese que: "Uma Administração opaca infantiliza, uma administração transparente esclarece e tranquiliza". Mais entende que a transparência é suscetível de graduação[62]:

> A transparência designa inicialmente a propriedade de um corpo que se deixa atravessar pela luz e permite distinguir,

62. Separata do número especial do Boletim da Faculdade de Direito de Coimbra – Estudos em Homenagem ao Prof. Doutor Afonso Rodrigues Queiró. Coimbra, 1990.

> através da espessura, os objectos que se encontram por detrás. Falar neste sentido de transparência administrativa significa que, por detrás do envelope formal da instituição, se profilam relações concretas entre indivíduos, entre grupos, que o observador exterior está em condições de compreender. Mas a transparência é susceptível de graduação: um corpo pode ser realmente transparente, isto é, límpido, pondo a nu com nitidez os objectos que ele cobre, ou apenas translúcido se não permite distinguir com nitidez os objectos, ainda que seja permeável à luz; ou ainda diáfano se a luz que ele deixa filtrar não permite senão distinguir as formas dos objectos. É perceptível então, que opacidade e transparência não se excluem pura e simplesmente, antes existem entre elas graus, mediações, ou mais exactamente que se combinam segundo uma mistura variável.

Ainda segundo Colaço Antunes, a transparência abrange a comunicação, a publicidade e a proximidade.

Uma Administração que se comunica é aquela que "aceita dar a conhecer o sentido de suas decisões". A noção de publicidade está ligada à Administração "que deixa transparecer aos olhos de todos a sua lógica interna de organização e de funcionamento, uma verdadeira 'casa de vidro'". Já a proximidade existe quando a Administração "adere à sociedade, ao ponto de toda a distância entre elas se evaporar".[63]

---

63. A este passo, recordo uma afirmação do sociólogo alemão Karl Mannheim, em seu clássico ensaio sobre "La Democratización de la Cultura" (Ensayos de la Sociología de la Cultura, Madrid: Aguilar, 1957, p. 285): "O que mais muda em todo o curso da democratização é a distância social entre a minoria (governante) e o homem da rua". Acrescenta (p. 293): "Com efeito, o que caracteriza fundamentalmente uma cultura como aristocrática ou democrática depende, em primeiro lugar, de suas normas de distância vertical. A democratização quer dizer, essencialmente, uma redução da distância vertical".

Outra distinção básica, acentuada por Colaço Antunes, é entre a publicidade erga partes e a erga omnes. O jurista lusitano analisa as legislações alemã e francesa e conclui:[64]

> Em resumo, diríamos que, enquanto a legislação alemã se ocupa essencialmente dos actos pertinentes ao procedimento e limita a garantia de acesso às partes (do referido procedimento), que tenham um interesse juridicamente relevante, o direito francês preocupa-se em afirmar a publicidade extra partes, através de um direito de acesso de todos os membros da colectividade, válido para todos os documentos administrativos.

A Constituição brasileira impõe, como regra, a transparência, indispensável ao Estado democrático. Excepcionalmente, porém, admite o sigilo, ou seja, autoriza que a "casa de vidro" se torne opaca, em maior ou menor grau.

Belizário Antônio de Lacerda, após discorrer sobre os conceitos trazidos por ilustres processualistas clássicos e modernos, nacionais e estrangeiros, cita a concepção de jurisdição preconizada pelo Professor Cândido Dinamarco como moderna, qual seja[65]:

> Aquilo que se projeta na vida das pessoas é o resultado da jurisdição, o resultado do processo, e que o exercício da

---

Pessoalmente, entendo que é nesta noção de proximidade que se alicerça a transparência. Quanto maior a proximidade – e menor a distância social entre ela e o homem da rua – mais se aproxima a Administração da imagem da "casa de vidro" e melhor "faz conhecer o sentido de suas decisões".

64. Separata do número especial do Boletim da Faculdade de Direito de Coimbra – Estudos em Homenagem ao Prof. Doutor Afonso Rodrigues Queiró. Coimbra, 1990.

65. LACERDA, Belizário Antônio de. Comentários à Lei de Arbitragem. Belo Horizonte, MG: Del Rey, 1998. p. 85.

jurisdição é que produz tal resultado. Falar em jurisdição significa falar na efetividade da tutela jurisdicional ou no seu resultado.

Enfatizamos, que a respeito da publicidade na arbitragem, o que deve ser evidenciado é a sua própria natureza jurídica, que novamente frisamos, a arbitragem é jurisdição, nesse quesito está subordinada aos ditames do direito público.

O princípio da publicidade no direito brasileiro não se restringe à ausência de sigilo ou fornecimento de dados quando estes forem requeridos. Antes, consiste em um dever da Administração de tornar públicos os atos que pratica, exigindo um fazer, uma conduta positiva de divulgação dos atos executados e de sua motivação.[66]

O controle é fundamental, pois, apesar de se estar diante de um conflito sobre direito patrimonial disponível, ele versa sobre bens e valores públicos que, em contratos de longa duração, como as concessões, costumam envolver montantes de elevado vulto.

Interessante a abordagem da Dra. Eugênia Cristina Cleto Marolla enfatizando que nas parcerias públicos-privadas nas quais os recursos públicos podem ser utilizados como contraprestação ao parceiro privado, como garantia do cumprimento das obrigações públicas, ou como aporte para a realização da obra, a necessidade de transparência para o efetivo controle das despesas públicas se mostra ainda mais premente, o que reforça a necessidade de se tornar pública a arbitragem nos casos em que ela se der. No sistema jurídico brasileiro, os atos que podem redundar no dispêndio de valores por parte

66. MAROLLA, Eugenia Cristina Cleto. A Arbitragem e os contratos da Administração Pública. Rio de Janeiro: Lumen Juris, 2016.

da Administração Pública estão submetidos à mais ampla publicidade, sendo exemplo disso a obrigação de transparência imposta pela Lei de Responsabilidade Fiscal (art. 48 da Lei complementar 101/2000).[67]

A abordagem sobre a arbitragem da Dra. Eugenia Cristina Cleto Marolla sobre a arbitragem envolvendo a Administração Pública é interessante, entende a autora que a arbitragem envolvendo a Administração Pública é um meio para se atingir o interesse público de toda a sociedade e não um ato egoístico de natureza essencialmente privada, razão pela qual ela deve ser tornada pública. E continua:

> A divulgação da instauração do procedimento arbitral – com a indicação das partes, do objeto da arbitragem, da Câmara na qual o processo se desenrolará – e da sentença deveria se dar por meio da publicação em jornal oficial ou meio de valor equivalente a cargo do ente administrativo que tenha participado da arbitragem, para conhecimento geral. Compete à lei, contudo, determinar o modo de publicação.[68]

Corporificando todo o acima assentado, e ratificando o entendimento de que a utilização da Arbitragem, pela Administração Pública, não é sinônimo de renúncia ou transação de direitos, e sim um novo mecanismo de soluções de controvérsias públicas, que deverá como toda atuação administrativa atender

---

67. MAROLLA, Eugenia Cristina Cleto. A Arbitragem e os contratos da Administração Pública. Rio de Janeiro: Lumen Juris, 2016, p. 161.

68. A internet também poderia ser utilizada para este fim. Modelo de publicidade a ser observado é aquele adotado para as arbitragens de investimento realizadas no âmbito do ICSID. Maiores informações em https://icsid.worldbank.org/apps/ICSDWEB/pages/defauld.aspx. Acesso em 06 dez. 17.

ao interesse público, nesse sentido transcrevemos o artigo 1º e seus parágrafos:

> Art. 1º As pessoas capazes de contratar poderão valer-se da arbitragem para dirimir litígios relativos a direitos patrimoniais disponíveis. § 1º A administração pública direta e indireta poderá utilizar-se da arbitragem para dirimir conflitos relativos a direitos patrimoniais disponíveis. § 3º A arbitragem que envolva a administração pública será sempre de direito e respeitará o princípio da publicidade.

A arbitragem possui várias conhecidas qualidades, como a flexibilidade procedimental, a possibilidade de escolha dos julgadores, a especialidade dos árbitros, a neutralidade da arbitragem, a celeridade processual e a facilidade do reconhecimento das decisões em ouras jurisdições. Assim quando a Administração Pública utiliza um sistema de solução de controvérsias que une todas essas qualidades, não há renuncia ou transação do direito e sim no aspecto processual adotando uma sistemática que efetivamente atenderá ao interesse público.

A confidencialidade é qualidade internacionalmente reconhecida do processo arbitral. Nesse sentido, a Comissão das Nações Unidas para o Direito do Comércio Internacional (United Nations Commission on International Trade Law – UNCITRAL), em suas Notes on Organizing Arbitral Proceedings, de 1996, reconhece, na primera parte do item 31, que "it is widely viewed that confidentiality is one of the advantageous and helpful features of arbitration". A international law Association, por sua vez, em recente relatório sobre o tema, deixa claro que "confidentiality is na importante feature of international comercial arbitration".[69]

---

69. FICHTNER, José Antonio; MONTEIRO, André Luis. A CONFIDENCIALIDADE NA REFORMA DA LEI DE ARBITRAGEM. In: ROCHA, Caio

A doutrina autorizada igualmente reconhece essa qualidade. Philippe Fouchard, Emmanuel Gaillard e Berthold Goldman explicam que "one of the fundamental principles – and one of the major advantages – of international arbitration is that it is confidential".[70]

Nessa mesma linha, Laurence Craig, William Park e Jan Paulsson destacam que "if polled, the users of ICC arbitration would undoubtedly list confidentiality as one of the advantages which led them to choose arbitration over other forms of dispute resolution and particularly as compared to court litigation".[71]

A doutrina especializada costuma distinguir os termos confidencialidade e privacidade. Jan Paulsson explica que "the concepto of 'privacy' is narrow, and specifically is far broader and concepto f 'confidentiality' is far broader and extends to the confidential nature of documents created for, or submitted in, an arbitration – indeed, ultimately to the confidential nature of the very existence of an arbitration".[72]

José Antonio Fichtner e André Luis Monteiro apontam que no relatório sobre a confidencialidade na arbitragem comercial internacional produzido em 2010 pena International Law Association, estabeleceu-se que "the concept of privacy

---

Cesar Viera; SALOMÃO, Luis Felipe. Arbitragem e Medição: A Reforma da Legislação Brasileira. 2. ed. São Paulo: Atlas, 2017. Cap. 9. p. 159-190.

70. FOUCHARD, Philippe; GAILLARD, Emmanuel; GOLDMAN, berthold. International commercial arbitration. In: GAILLARD, Emmanuel; SAVAGE, John (ed.). The Hague: Kluwer Law Internationnal, 1999. p. 612.

71. CRAIG, W. Laurence; PARK, Wiliam W PAULSSON, Jan. International Chamber of commerce arbitration. 3. Ed. New York: Oxford, 2000. p. 311.

72. PAULSSON, Jan. Reporto n issues concerning confidentiality in international arbitration. Department of Foreign Affairs and International Trade Canada. Disponível em: http://www.interntional.gc.ca. Acesso em: 06 jan 2017.

is typically used to refer to the fact that only the parties, and not third parties, may attend arbitral hearings or otherwise participte in the in the arbitration proceedings". Na doutrina brasileira, José Emilio Nunes Pinto já se dedicou a apresentar diferenças entre esses conceitos, em lição que vale a reprodução:[73]

> Já tivemos oportunidade de analisar o conceito de confidencialidade como sendo a obrigação imposta às partes e aos árbitros e, em alguns casos, mencionados em regulamentos de instituições arbitrais, a terceiros que participem, de alguma maneira, direta ou indiretamente, de procedimentos arbitrais, de não divulgar ou publicar quaisquer dados, informações e quaisquer outros detalhes que tenham tomado conhecimento no curso daqueles. A privacidade, no entanto, refere-se à condução do próprio procedimento arbitral, dele somente poderão participar as partes, seus procuradores, os árbitros e aqueles que por, deliberação das partes e do tribunal arbitral, venham a ser chamados para dele participar. Em suma, a privacidade impede que estranhos ao procedimento dele participem ou assistam a quaisquer sessões do tribunal arbitral, diferentemente do que ocorre no processo judicial que é, por natureza e salvo exceções, público.[74]

A Comissão de Juristas que foi responsável pelo aperfeiçoamento da Lei de Arbitragem, claramente explicitou que a Administração Pública não pode realizar arbitragem confidenciais em tal seara, onde a publicidade predominará. Nesse

---

73. FICHTNER, José Antonio; MONTEIRO, André Luis. A CONFIDENCIALIDADE NA REFORMA DA LEI DE ARBITRAGEM. In: ROCHA, Caio Cesar Viera; SALOMÃO, Luis Felipe. Arbitragem e Medição: A Reforma da Legislação Brasileira. 2. ed. São Paulo: Atlas, 2017. Cap. 9. p. 159-190.

74. PINTO, José Emílio Nunes. A confidencialidade na arbitragem. Revista de Arbitragem e Mediação, São Paulo: RT, a. 2, n. 6, p. 29-30, jul.-set. 2005.

sentido José Antonio Fichtner e André Luis Monteiro afirmam que a impossibilidade de contratar a confidencialidade, não quer dizer que diante de relevantes informações e documentos, não devam os árbitros, no caso concreto, classificar tais elementos como sigilosos. Tudo a partir dos segredos comerciais, desenhos industriais, patentes e assemelhados, os árbitros deverão concretizar a proteção adequada à situação específica do caso, eliminando qualquer risco para o ente público.[75]

Os aspectos da arbitragem que razoavelmente devem ser preservados da divulgação pública, os que dizem respeito, por exemplo, às informações divulgadas no curso do procedimento arbitral sobre segredos de comércio, tecnologia, procedimentos de produção, conhecimentos especializados e know-how de propriedade dos contratantes.

1.6. Alteração do caráter autoritário da atuação administrativa e a capacidade e competência para celebração da Arbitragem

Nos termos da Lei Brasileira de Arbitragem, a capacidade de contratar, entendida como a aptidão para tornar-se sujeito de direito e deveres por meio de contratos, é condição sine qua non para utilização da arbitragem.[76]

Muito embora a Administração Pública disponha de instrumentos variados conferidos pelo ordenamento jurídico

75. FICHTNER, José Antonio; MONTEIRO, André Luis. A CONFIDENCIALIDADE NA REFORMA DA LEI DE ARBITRAGEM. In: ROCHA, Caio Cesar Viera; SALOMÃO, Luis Felipe. Arbitragem e Medição: A Reforma da Legislação Brasileira. 2. ed. São Paulo: Atlas, 2017. Cap. 9. p. 159-190.

76. MAROLLA, Eugenia Cristina Cleto. A Arbitragem e os contratos da Administração Pública. Rio de Janeiro: Lumen Juris, 2016, p. 59.

para satisfação de suas competências. Interessante a observação de Fernando Dias Menezes de Almeida:

> A evolução do Direito Administrativo em matéria contratual, registra numa primeira etapa, a ênfase na ideia de que o Estado não celebraria contrato, mas praticaria ato unilateral, após consentimento também unilateral, do particular contratado; depois, a variante de que o Estado, ao "contratar", praticaria um misto de ato unilateral (quanto as cláusulas regulamentares) e contrato privado (quanto as cláusulas financeiras); chegando-se à afirmação de uma espécie contratual – "contrato administrativo" – sujeita a um regime especial, de direito público, exorbitante do direito privado celebrados pela Administração Pública de todo modo, essa evolução levou à aceitação pacífica da noção de que o Estado celebra contratos.

A doutrina trabalha uma evolução no estudo do ato administrativo, que produz reflexos na arbitrabilidade subjetiva e objetiva dos conflitos envolvendo a Administração Pública, quanto à funcionalidade se estuda a "perda de centralismo", uma alteração do caráter autoritário da atuação administrativa em prol de figuras consensuais.

Ao tratar das principais características do Direito Administrativo brasileiro clássico, fundado no modelo europeu continental, Odete Medauar assim dispôs:[77]

> "Embora abrigue figuras de inspiração anglo-saxônica, o núcleo central do Direito Administrativo pátrio, na sua formulação clássica, identifica-se ao resultante da sistematização ítalo-franco-germânica: submissão da Administração

77. MEDAUAR, Odete. *Direito administrativo em evolução.* 2.ed. São Paulo: Revista dos Tribunais, 2003, p. 64.

> ao Direito; supremacia da Administração, preponderância do interesse público sobre o particular personalidade jurídica do Estado e de outros entes; ato administrativo unilateral, auto-executório e imperativo; hierarquia; poder discricionário; direito subjetivo público; poder de polícia; contrato administrativo"4 (marca nossa).

Assinala Vitor Rhein Schirato e Juliana Bonacorsi de Palma que no Direito Administrativo contemporâneo observa-se ascensão da consensualidade no exercício das atividades administrativas, fazendo a seguinte constatação:[78]

> A ascensão do Estado Democrático de Direito implica a valorização da figura do administrado nas relações envolvendo a Administração Pública. Assim, a democracia representativa já não se mostra suficiente à sociedade mais amadurecida e ansiosa por participar da condução da máquina pública. Por sua vez, a sociedade moderna torna-se extremamente complexa, formada por múltiplos interesses públicos,5 ao passo que os resultados da atuação administrativa passam a ser objeto de controle social, i.e., não basta o mero exercício da função administrativa, este deve necessariamente ser eficiente.

Segundo a Professora de Direito Administrativo da Universidade de Bari na Itália Maria Teresa Paola Caputi Jambrenghi movimento pró-consenso atualmente verificável é apontado como decorrência de a celebração de acordos no âmbito da Administração Pública se coadunar com as demandas, cada vez mais incisivas, por celeridade no provimento adminis-

78. SCHIRATO, Vitor Rhein; PALMA, Juliana Bonacorsi de. Consenso e legalidade: vinculação da atividade administrativa consensual ao direito. Revista Brasileira de Direito Público – RBDP, Belo Horizonte, ano 7, n. 27, out./dez. 2009.

trativo, participação do administrado na tomada de decisões administrativas e eficiência quanto à conformação da atuação administrativa.[79]

A preocupação com a governança também pelo Direito Administrativo coloca em voga o tema da consensualidade, então visualizada como um instrumento de grande valia à eficácia na atuação administrativa, Diogo de Figueiredo Moreira Neto conceitua o princípio do consenso como[80]:

> "O primado da concertação sobre a imposição nas relações de poder entre sociedade e Estado". O consenso destina-se à promoção do pacto entre Administração Pública e administrado, neste abrangidos os acordos e os contratos. Pela sua própria essência, a celebração de pactos se contrapõe às ideias de imperatividade e unilateralidade sustentadas pelo Direito Administrativo clássico.

Conforme trabalhamos no primeiro capítulo é importante relembrar a análise da mudança de paradigma da atuação da Administração Pública, com a constante redução da dicotomia público/privado. Convergindo com o entendimento Almiro do Couto e Silva aduz[81] que cada vez mais, o Direito Público reveste-se de características dantes exclusivas do Direito Privado

---

79. JAMBRENGHI, Maria Teresa Paola Caputi. Note minime su beni comuni e funzione amministrativa. Constitutcionalismo.it: LE RIFORME IN UNA DEMOCRAZIA CONSTITUZIONALE, Roma, p.81-113, 2017. Disponível em: <http://www.costituzionalismo.it/download/Costituzionalismo_201701_614.pdf>. Acesso em: 02 jan. 2018.
80. MOREIRA NETO. Novos institutos consensuais da ação administrativa. Revista de Direito Administrativo, v. 231, p. 133.
81. COUTO E SILVA, Almiro do. Princípios da legalidade da administração publica e da segurança jurídica no Estado de Direito contemporâneo. Revista de direito público, nº 84. São Paulo: Revista dos Tribunais, 1987.

e cada vez mais o Direito Privado vem sendo influenciado e permeado por normas de caráter público.

Algumas das instituições mais tradicionais do Direito Administrativo passam a ser reformuladas, em processo de constante integração e uniformização com o regime que têm no Direito Privado. É o caso do contrato administrativo, cada vez mais aproximado aos contratos privados em alguns de seus aspectos. O dogma da existência de uma espécie de avença própria e exclusiva da Administração Pública passa a ser atenuado, entendendo-se mais e mais ser possível a adoção de instrumentos privados, tais como a negociação durante o processo de formação da avença (conforme permitido pela legislação da licitação na modalidade de pregão, por exemplo), nesse microssistema atual de soluções consensuais que faz parte do Princípio da Consensualidade pela Administração Pública arbitragem como mecanismo lícito de solução de disputas, insere-se dentro dessa revisitação privada do direito administrativo.

Pela combinação dos artigos 3º e 19 da Lei Brasileira de Arbitragem constata-se que a instituição do Sistema Arbitral está condicionada à existência de convenção de arbitragem (gênero), que possui duas espécies: a) cláusula arbitral ou cláusula compromissória ou b) compromisso arbitral, e a aceitação pelo(s) árbitro(s) de sua nomeação.

Como bem observado por Ricardo Medina Salla no Direito Administrativo Brasileiro, não basta que a pessoa seja civilmente capaz para executar determinado ato. É necessário que ela seja também competente para exercê-lo. Dessa forma, se percebe que, ao se examinar questões de arbitrabilidade subjetiva envolvendo contratos administrativos, deve-se ir além da lei de arbitragem para avaliar se aquele que celebrou compromisso arbitral era capaz e competente para fazê-lo.[82]

82. SALLA, Ricardo Medina. Arbitragem e Administração Pública – Brasil, Paraguai e Uruguai. São Paulo: Quartier Latin, 2014.

Robert Alexy apresenta uma concepção dogmático-analítica dos direitos subjetivos. Nesse modelo, direitos subjetivos são relações e posições jurídicas, não se confundindo com os enunciados sobre as razões para os direitos subjetivos, tampouco com a sua exigibilidade jurídica.[83]

Para Robert Alexy a competência é espécie de direito subjetivo, a qual existe tanto no direito privado como no direito público. É o que ocorre na celebração de um contrato ou de um casamento, bem como na edição de uma lei ou de um ato administrativo. Em tais casos ocorre a alteração de uma situação jurídica, a qual pode ser descrita de duas formas:

> "(...). Ela pode ser descrita como a criação de normas individuais ou gerais, as quais sem essa ação não seriam válidas; mas ela pode ser também descrita como alteração das posições jurídicas dos sujeitos de direito submetidos à norma."

Neste ponto, Alexy traz um elemento fundamental à caracterização da competência: esta representa sempre uma ação institucional, ou seja, uma ação que não pode ser realizada apenas em função de capacidades naturais; é necessário que existam normas que sejam constitutivas dessa ação.[84]

---

83. Robert Alexy (Teoria dos Direitos Fundamentais, 2ª ed., 3ª tir., trad. de Virgílio Afonso da Silva, São Paulo, Malheiros Editores, 2014, pp. 190-191) faz essa afirmação após ter feito menção a uma série de posições doutrinárias sobre as classificações dos direitos subjetivos, como, por exemplo, as seguintes: "direitos patrimoniais absolutos e relativos, de um lado, e direitos formativos, de outro"; a proposta de Jellinek, que diferencia os "direitos de status negativo, positivo e ativo"; a distinção de Kelsen entre "direitos reflexos, direitos subjetivos em sentido técnico, permissões administrativas positivas, direitos políticos e direitos fundamentais e de liberdade".

84. ALEXY, Robert. Teoria dos Direitos Fundamentais. São Paulo: Malheiros. 2008. Tradução de: Virgílio Afonso da Silva. p. 240.

As normas de competência criam a possibilidade de atos jurídicos e, por meio deles, a capacidade de alterar posições jurídicas. As normas de conduta não criam alternativas de ação que, sem essas normas, seriam impossíveis; elas apenas qualificam ações, ao estabelecer obrigações, direitos a algo e liberdades.

Portanto, uma competência no sentido proposto por Alexy consiste na possibilidade de alterar situações jurídicas. Trata-se da posição jurídica criada por uma norma de competência, conforme explicam Sérgio Ferraz e Adilson Dallari seria[85]:

A utilização da Arbitragem pela Administração Pública exige a competência do agente administrativo, uma vez que a nosso ver era insere-se dentro do conceito de Poderes Administrativo, além de um direito a sua utilização passa a ser, também, um dever administrativo.

Na teoria do alemão Jürgen Habermas desenvolveu-se a ideia da necessidade de uma razão comunicativa, o autor argumenta que as pessoas devem ter a capacidade de discutir e argumentar sem violência e/ou coação, pois quando as coisas são manipuladas não se está agindo de comunicativamente. [86]

Assim sendo, competência sobre esse prisma de uma ação comunicativa é voltada ao entendimento de que a chamada razão instrumental é expressa de duas maneiras; uma, para manipular objetos e coisas; duas, para manipular pessoas (neste caso, chama-se ação estratégica).

Cabe frisar que no tocante à razão instrumental a lógica é a mesma para coisas e pessoas, todavia, convencionou-se que

85. FERRAZ, Sérgio; DALLARI, Adilson de Abreu. Processo administrativo. São Paulo: Malheiros, 2002. p. 110.

86. HABERMAS, Jürgen. Direito e democracia: entre facticidade e validade. Trad. Flávio Beno Siebeneichler. Rio de Janeiro: Tempo Brasileiro, 2003.

para pessoas seria dado o nome de ação estratégica. Portanto, na ação comunicativa o sujeito está voltado à comunicação e à cooperação. Ao passo que no exercício da razão instrumental, o sujeito age instrumentalmente, manipulando coisas, buscando os melhores meios, ou, provocando efeitos nas pessoas.[87]

Para que haja a interação no processo comunicativo, é necessário que haja certa igualdade entre os sujeitos envolvidos para que o processo reste legitimado, ou seja, as pessoas envolvidas precisam ter uma determinada bagagem cultural, pois é assim que será fomentada a discussão através dos argumentos. Assim, os sujeitos envolvidos querem ver reconhecida uma força interna à comunicação, exigindo a desconsideração de fatores sociais externos tais como privilégios, situação econômica, entre outros.

Notadamente, Habermas não oferece um 'guia de ação prática', com o intuito de estipular regras para o quê e de que modo as instituições devem fazer na sociedade concreta, ele apenas busca dar um norte de como as noções de autonomia, reflexão, responsabilidade e crítica deixam o plano das ideias para adquirirem eficácia prática no mundo real.

De acordo com Hely Lopes Meirelles:

> Os poderes administrativos são verdadeiros "instrumentos de trabalho, adequados à realização das tarefas administrativas", razão pela qual são considerados "poderes instrumentais".[88]

---

87. SOUZA, Jessé. Tem Habermas algo a dizer aos brasileiros?. Revista Brasiliense de Pós-Graduação em Ciências Sociais, ano I, v. 1, n. 1, 1997.
88. MEIRELLES, Hely Lopes. Direito Administrativo Brasileiro. 40ª ed. São Paulo, Malheiros Editores, 2014, p. 130-131.

Maria Sylvia Zanella Di Pietro escreve que os poderes da Administração – que são poderes-deveres encerram prerrogativas de autoridade, que só podem ser exercidas nos limites da lei[89].

Pedro Gonçalves, ao tratar dos poderes públicos de autoridade (e o foco dele reside nos poderes administrativos), apresenta o seguinte conceito:

> "(...) o poder abstracto estabelecido por uma norma de direito público conferido a um sujeito para, por acto unilateral praticado no desempenho da função administrativa, editar regras jurídicas, provocar a produção de efeitos com repercussão imediata na esfera jurídica de terceiros, produzir declarações às quais a ordem jurídica reconhece uma força especial ou ainda empregar meios de coacção sobre pessoas ou coisas".[90]

Nessa esteira a pessoa física ou jurídica que assina o documento chancelando o compromisso arbitral deve ser civilmente capaz, isto é, habilitada pela norma civil a executar negócios jurídicos de forma irrestrita, tratando-se de pessoa jurídica integrante da Administração Pública, deverá expressamente estar dotada da competência administrativa, essa exigência a nosso ver, também, foi expressamente prevista pela reforma da lei brasileira de arbitragem, introduzida pela Lei 13.129/2015:

> "Art. 1º § 2º A autoridade ou o órgão competente da administração pública direta para a celebração de conven-

89. DI PIETRO, Maria Sylvia Zanella. Direito Administrativo. 25ª ed. São Paulo, Atlas, 2012. p. 90.

90. GONÇALVES, Pedro. Entidades Privadas com Poderes Públicos: o Exercicio de Poderes Públicos de Autoridade por Entidades Privadas com Funções Administrativas. Coimbra, Livraria Almedina, 2005. p. 608.

ção de arbitragem é a mesma para a realização de acordos ou transações."

Foi justamente pela ausência desse requisito da capacidade, ou seja, a incapacidade que o ordenamento jurídico da França e da Bélgica segundo Eugênia Cristina Cleto Marolla[91], citando Jacques Van Compernolle[92] aduz que:

> "Tanto na França quanto na Bélgica, segundo Compernolle, centra-se no argumento da incapacidade das pessoas jurídicas de direito público recorrerem ao instituto. Esta compreensão está ligada à ideia segundo a qual a arbitragem só pode se dar, assim como ocorre na transação, em relação a objetos ou matérias sobre as quais as partes tenham livre disposição".

1.7. A solução extrajudicial de conflitos no novo Código de Processo Civil

O novo CPC confere grande destaque para solução extrajudicial e consensual dos conflitos, dedicando uma seção inteira ao tema no Capítulo III, bem como institui mecanismos fundamentais para solução dos conflitos e preferência pela autocomposição.

Segundo Victor Scholze e Jorge Ulisses Jacoby Fernandes a solução extrajudicial dos conflitos revela-se a feição de política pública do Código, com desígnio de aumentar a qualidade

91. MAROLLA, Eugenia Cristina Cleto. A Arbitragem e os contratos da Administração Pública. Rio de Janeiro: Lumen Juris, 2016, p. 38-39.
92. COMPERNOLLE, Jacques Van. L'arbitrage en droit public: réflexion conclusives. In: RENDERS, David; DEVOLVÉ, Pierre; TANQUEREL, Thierry. L'arbitrage em droit public. Bruxelas: Bruylant, 2010. p. 397-412. p. 401.

do acesso à justiça, reduzindo o número de demandas e a morosidade dos processos. Para tanto, a nova legislação busca promover mudança da cultura do litígio para uma cultura de pacificação social.[93]

Nesse contexto, é importante analisar a solução consensual de conflitos administrativos, instituída pelo diploma, examinando-se o regramento inovador acerca de conciliação e mediação no âmbito da Administração Pública:

> Art. 174. A União, os Estados, o Distrito Federal e os Municípios criarão câmaras de mediação e conciliação, com atribuições relacionadas à solução consensual de conflitos no âmbito administrativo, tais como: I – dirimir conflitos envolvendo órgãos e entidades da administração pública; II – avaliar a admissibilidade dos pedidos de resolução de conflitos, por meio de conciliação, no âmbito da administração pública; III – promover, quando couber, a celebração de termo de ajustamento de conduta.
>
> Art. 175. As disposições desta Seção não excluem outras formas de conciliação e mediação extrajudiciais vinculadas a órgãos institucionais ou realizadas por intermédio de profissionais independentes, que poderão ser regulamentadas por lei específica.

Note-se que o art. 18 do Decreto nº 7.392,11 de 13 de dezembro de 2010, e o art. 2º da Portaria nº 1.281, de 27 de setembro de 2007,12 já preconizavam sobre a Câmara de Conciliação e Arbitragem da Administração Federal – CAAF, bem como sobre a resolução de controvérsias administrativas

93. Scholze, Victor; Fernandes, J. U. Jacoby. A solução consensual de conflitos na Administração Pública promovida pelo novo Código de Processo Civil. Fórum Administrativo – FA, Belo Horizonte, ano 15, n. 176, p. 75-79, out. 2015.

entre órgãos e entidades da Administração federal no âmbito da Advocacia-Geral da União – AGU.[94]

A CAAF foi efetivamente criada em 2007 com sede em Brasília/DF. Nada obstante a louvável iniciativa, a atuação dessa Câmara ainda é acanhada e se restringe à solução de controvérsia entre entes federativos tratando, por exemplo, de temas atinentes à transferência de recursos federais e convênios sobre impostos.

O novo CPC, por meio de disposição cogente dispõe sobre criação de câmaras de mediação e conciliação pela União, Estados, Distrito Federal e Municípios, com competência para resolução dos conflitos administrativos, amplia o escopo da solução extrajudicial a todas as esferas da Administração Pública.

Essas câmaras terão atribuições não apenas para dirimir conflitos entre órgãos públicos, mas, sobretudo, para resolver questões entre particulares e Administração, por meio de conciliação e termos de ajuste de conduta. Destaque-se, ainda, que essa modalidade de transação não excluirá outras formas de soluções consensuais existentes, como a arbitragem que é o foco desta obra.

1.8. A compatibilidade da arbitragem com a Administração Pública

Após a edição da Lei nº 13.129/15, que trouxe alterações à Lei nº 9.307/96, restou consolidado o entendimento de que a Administração Pública Direta e Indireta pode se valer da

94. DIDIER JR., Fredie. Novo Código de Processo Civil: comparativo com o código de 1973. 1 ed. Salvador: Editora JusPodivm, 2015, p. 121.

arbitragem para dirimir conflitos relativos a bens patrimoniais disponíveis.[95]

Trabalharemos a logo de toda a obra sobre o tema, entretanto, é importante notar que o uso da arbitragem pela Administração Pública não teve início apenas após a revisão da Lei de Arbitragem em 2015, até mesmo porque a possibilidade de se optar pela arbitragem já estava prevista em diversas leis do setor público. A título exemplificativo, destaca-se a Lei das PPPs, que autoriza, em seu artigo 11, III, que o edital preveja a arbitragem como meio de solução de disputas. No mesmo sentido, dispõe a Lei nº 10.233/2001 (transporte aquaviário e terrestre) e a Lei nº 11.196/2015, que trouxe alterações à Lei nº 8.987/95 (concessão e permissão), dentre outras.

Todavia, é evidente que a arbitragem que envolve um ente da Administração Pública (especialmente da Administração Pública Direta) possuirá características específicas, tendo em vista que o Poder Público é sujeito a princípios e valores próprios.

Desse modo, será aqui demonstrado que o instituto da arbitragem é compatível com os princípios atinentes à Administração Pública, ainda que existam algumas limitações necessárias, como dispõe, inclusive, a própria Lei de Arbitragem.

Conforme previsto no artigo 1º da Lei de Arbitragem, para que um litígio possa ser submetido à arbitragem, as partes contratantes devem ser pessoas físicas ou jurídicas capazes (arbitrabilidade subjetiva) e a matéria discutida deve versar sobre direitos patrimoniais e disponíveis (arbitrabilidade objetiva).

95. MARTES, Marina Martins. Arbitragem e Administração Pública: a compatibilidade, os limites e o procedimento arbitral envolvendo o Poder Público. Revista Brasileira de Estudos da Função Pública – RBEFP, Belo Horizonte, ano 5, n. 15, set./dez. 2016.

Direitos patrimoniais, de acordo com Francisco José Cahali,[96] são aqueles que não dizem respeito à personalidade (como, por exemplo, o direito à vida e à honra) ou ao estado da pessoa (como a interdição, guarda, dissolução de um casamento, dentre outros). Por vez, os direitos disponíveis são aqueles que podem ser livremente alienados ou cedidos.[97]

Naturalmente, todos os atos do Poder Público devem ser tomados de acordo com o interesse público, ou seja, mesmo os interesses secundários devem buscar satisfazer o interesse público. Isso, contudo, não faz com que todos os direitos da Administração Pública sejam indisponíveis, uma vez que a Administração Pública possui direitos que podem ser livremente alienados ou negociados,[98] sem que haja violação ao interesse público. Esse é também o entendimento de Rafael Munhoz[99]:

---

96. CAHALI, José Francisco. Curso de Arbitragem. 5. ed. São Paulo: Revista dos Tribunais, 2015, p. 135.
97. De acordo com Carlos Alberto Carmona, são disponíveis: "[a]queles bens que podem ser livremente alienados ou negociados, por encontrarem-se desembaraçados, tendo alienante plena capacidade jurídica para tanto". CARMONA, Carlos Alberto. Arbitragem e Processo – Um Comentário à Lei nº 9.307/96. São Paulo: Atlas, 2009, p. 38.
98. Como já citado anteriormente, de acordo com Carlos Alberto Carmona, os direitos disponíveis são aqueles que podem ser livremente alienados ou negociados: "Diz-se que um direito é disponível quando ele pode ser ou não exercido livremente pelo seu titular, sem que haja norma cogente impondo o cumprimento do preceito, sob pena de nulidade ou anulabilidade do ato praticado com sua infringência. Assim, são disponíveis aqueles bens que podem ser livremente alienados ou negociados, por encontrarem-se desembaraçados, tendo, o alienante, plena capacidade jurídica para tanto". CARMONA, Carlos Alberto. Arbitragem e Processo – Um Comentário à Lei nº 9.307/96. São Paulo: Atlas, 2009, p. 32.
99. MELLO, Rafael Munhoz de. Arbitragem e Administração Pública. In: Revista Jurídica da Procuradoria-Geral do Estado do Paraná, Curitiba, n. 6, p. 57-58, 2015.

> Se a Administração pode contratar, celebrar acordos e transações, pode também submeter-se à arbitragem para compor litígios que tenham por objeto direitos patrimoniais disponíveis de sua titularidade, que admitiriam solução extrajudicial amigável mesmo que não houvesse convenção de arbitragem. Ora, se o litígio pode ser solucionado pelas próprias partes, mediante transação, nada justifica que não possam elas acordar que o litígio será submetido à arbitragem.

Vale dizer, pouco importa se o direito de titularidade do Estado é disponível ou indisponível: seu exercício sempre deverá estar voltado à satisfação do interesse público.

Por fim, apenas fizemos uma breve digressão do objeto de estudo desta obra, que é estudar os efeitos da utilização da arbitragem no atual organograma da Administração Pública Direta e Indireta[100].

1.9. Desafios da redação da cláusula compromissória pela Administração Pública

Introduzimos sobre o próprio instituto da cláusula compromissória, transcrevemos o entendimento de Gabriela Silvério Palhuca[101] aduzindo que não pairam dúvidas sobre a constitucionalidade da adoção da arbitragem como método de solução de conflitos,[102] sobram questionamentos sobre a

---

100. Vide capítulo 3.

101. Palhuca, Gabriela Silvério. Desafios na redação da cláusula compromissória pelo Poder Público: uma análise das cláusulas compromissórias dos contratos de parcerias público-privadas celebrados pelo Estado de São Paulo. Revista Brasileira de Infraestrutura – RBINF, Belo Horizonte, ano 4, n. 8, jul./dez. 2015.

102. Constitucionalidade da arbitragem decidida pelo Supremo Tribunal Federal no julgamento da SE 5206 AgR, Relator(a): Min. SEPÚLVEDA PERTENCE,

Tribunal Pleno, julgado em 12/12/2001, DJ 30-04-2004 PP-00029 EMENT VOL-02149-06 PP-00958:1. Sentença estrangeira: laudo arbitral que dirimiu conflito entre duas sociedades comerciais sobre direitos inquestionavelmente disponíveis – a existência e o montante de créditos a título de comissão por representação comercial de empresa brasileira no exterior: compromisso firmado pela requerida que, neste processo, presta anuência ao pedido de homologação: ausência de chancela, na origem, de autoridade judiciária ou órgão público equivalente: homologação negada pelo Presidente do STF, nos termos da jurisprudência da Corte, então dominante: agravo regimental a que se dá provimento, por unanimidade, tendo em vista a edição posterior da L. 9.307, de 23.9.96, que dispõe sobre a arbitragem, para que, homologado o laudo, valha no Brasil como título executivo judicial. 2. Laudo arbitral homologação: Lei da Arbitragem: controle incidental de constitucionalidade e o papel do STF. A constitucionalidade da primeira das inovações da Lei da Arbitragem – a possibilidade de execução específica de compromisso arbitral – não constitui, na espécie, questão prejudicial da homologação do laudo estrangeiro; a essa interessa apenas, como premissa, a extinção, no direito interno, da homologação judicial do laudo (arts. 18 e 31), e sua consequente dispensa, na origem, como requisito de reconhecimento, no Brasil, de sentença arbitral estrangeira (art. 35). A completa assimilação, no direito interno, da decisão arbitral à decisão judicial, pela nova Lei de Arbitragem, já bastaria, a rigor, para autorizar a homologação, no Brasil, do laudo arbitral estrangeiro, independentemente de sua prévia homologação pela Justiça do país de origem. Ainda que não seja essencial à solução do caso concreto, não pode o Tribunal – dado o seu papel de "guarda da Constituição" – se furtar a enfrentar o problema de constitucionalidade suscitado incidentemente (v.g. MS 20.505, Néri). 3. Lei de Arbitragem (L. 9.307/96): constitucionalidade, em tese, do juízo arbitral; discussão incidental da constitucionalidade de vários dos tópicos da nova lei, especialmente acerca da compatibilidade, ou não, entre a execução judicial específica para a solução de futuros conflitos da cláusula compromissória e a garantia constitucional da universalidade da jurisdição do Poder Judiciário (CF, art. 5º, XXXV). Constitucionalidade declarada pelo plenário, considerando o Tribunal, por maioria de votos, que a manifestação de vontade da parte na cláusula compromissória, quando da celebração do contrato, e a permissão legal dada ao juiz para que substitua a vontade da parte recalcitrante em firmar o compromisso não ofendem o artigo 5º, XXXV, da CF. Votos vencidos, em parte – incluído o do relator – que entendiam inconstitucionais a cláusula compromissória – dada a indeterminação de seu objeto – e a possibilidade de a outra parte, havendo resistência quanto à melhor maneira de redigir a convenção de arbitragem, seja na modalidade de compromisso arbitral seja na modalidade de cláusula compromissória.[103] O aspecto contratualista da convenção de arbitragem permite que seja criado, pelas partes, um universo de regras jurídicas para solucionar o conflito, para além daquelas regras já existentes no ordenamento jurídico. Com efeito, esse universo de regras criado pelas partes na arbitragem vem regular especialmente o objeto, a escolha dos árbitros, o local, como será conduzido o procedimento, qual serão as regras aplicáveis, etc. e é esse universo de regras que poderá garantir o sucesso da arbitragem.

Relembrando a atenção que se exige das partes no momento da redação da convenção de arbitragem, destaca-se que:

> Os cuidados na redação da convenção de arbitragem devem considerar que, em sua assinatura, as partes comprometem-se em uma verdadeira relação apartada, que poderá subsistir independente do destino do contrato celebrado ainda que o último seja declarado nulo ou anulado.[104]

---

instituição da arbitragem, recorrer ao Poder Judiciário para compelir a parte recalcitrante a firmar o compromisso, e, consequentemente, declaravam a inconstitucionalidade de dispositivos da Lei 9.307/96 (art. 6º, parág. único; 7º e seus parágrafos e, no art. 41, das novas redações atribuídas ao art. 267, VII e art. 301, inciso IX do C. Pr. Civil; e art. 42), por violação da garantia da universalidade da jurisdição do Poder Judiciário. Constitucionalidade – aí por decisão unânime, dos dispositivos da Lei de Arbitragem que prescrevem a irrecorribilidade (art. 18) e os efeitos de decisão judiciária da sentença arbitral (art. 31).

103. De acordo com a distinção feita pelo artigo 3º da Lei nº 9.307, de 21 de setembro de 1996.

104. GABBAY, Daniela Monteiro; MAZZONETTO, Nathália; KOBAYASHI, Patrícia Shiguemi. Desafios e Cuidados na Redação das Cláusulas de Arbitragem. In: BASSO, Maristela; POLIDO, Fabrício Bertini Pasquot. Arbitragem

No sistema brasileiro a arbitragem, tem natureza jurídica contratual, esse aspecto contratualista exige, atenção no que tange ao próprio negócio jurídico apartado que é, para garantir a sua existência, validade e eficácia, razão pela qual os desafios na redação da convenção de arbitragem ultrapassam o universo das que as partes poderão criar. A autonomia das partes permite que elas elejam a própria lei de regência da convenção de arbitragem, de tal maneira que a avaliação sobre a existência, validade e eficácia poderá variar em função da lei de regência que as partes eventualmente adotarem.

A capacidade dos agentes é tratada sob o aspecto do direito civil e, em matéria de arbitragem, também sob o enfoque da arbitrabilidade subjetiva. O artigo 1º, caput da Lei nº 9.307, de 23 de setembro de 1996 dispõe que "[a]s pessoas capazes de contratar poderão valer-se da arbitragem (...)", evidenciando que existe um aspecto subjetivo a ser examinado. Capacidade é aptidão para contrair direitos e obrigações; se as partes não se encontram em estado de aptidão para contrair direitos e obrigações, estarão, segundo o direito brasileiro, incapacitadas para a celebração da convenção de arbitragem.

O sucesso da arbitragem não depende apenas da capacidade das partes, mas depende também da demonstração de que as partes, capazes, de forma consciente e deliberada, optaram pela solução do conflito através da arbitragem. Estas questões ultrapassam a importância ordinária do tema: se a arbitragem significa a imposição de um método de solução de conflito, com a renúncia sobre os demais métodos, a capacidade das partes e o consentimento delas serão fundamentais para garantir a existência e a validade da arbitragem.

Comercial: princípios, instituições e procedimentos – a prática no CAM – CCBC. São Paulo: Marcial Pons, 2013.

Sobre a licitude, possibilidade e determinabilidade do objeto, o tema é tratado sob o enfoque da arbitrabilidade objetiva. Para além da capacidade das partes e do consentimento delas na submissão de um conflito à arbitragem, o objeto do negócio jurídico, a arbitragem em si mesma considerada precisa ser lícito, possível, determinado ou determinável para dar mais um passo no ciclo de existência e validade da convenção de arbitragem.

Sobre a licitude, possibilidade e determinabilidade do objeto, o tema é tratado sob o enfoque da arbitrabilidade objetiva. Para além da capacidade das partes e do consentimento delas na submissão de um conflito à arbitragem, o objeto do negócio jurídico, a arbitragem em si mesma considerada precisa ser lícito, possível, determinado ou determinável para dar mais um passo no ciclo de existência e validade da convenção de arbitragem.[105]

De acordo com o artigo 19 da Lei nº 9.307, de 23 de setembro de 1996, a arbitragem é considerada instituída com a aceitação de todos os árbitros, o que significa afirmar que existe um interregno entre a notificação para a instauração da arbitragem, por uma das partes, e a efetiva instauração da arbitragem, com a aceitação de todos os árbitros. Nesse interregno, medidas urgentes poderão surgir, porém, na pendência da instituição do tribunal arbitral, a quem competiria, originariamente, o conhecimento dessas medidas urgentes, as partes poderão, desde logo, estabelecer que o juízo estatal

105. Palhuca, Gabriela Silvério. Desafios na redação da cláusula compromissória pelo Poder Público: uma análise das cláusulas compromissórias dos contratos de parcerias público-privadas celebrados pelo Estado de São Paulo. Revista Brasileira de Infraestrutura – RBINF, Belo Horizonte, ano 4, n. 8, jul./dez. 2015.

poderá ser provocado ou os árbitros de emergência, caso haja essa previsão no regulamento da instituição arbitral escolhida.

Para Carlos Augusto da Silveira Lobo:[106]

> A definição de regras do local da arbitragem pode dar a impressão de se tratar da sede da arbitragem. No entanto, é preciso relembrar que a sede da arbitragem não é conceito geográfico, mas conceito jurídico que definirá o único juízo competente para processar e julgar eventual nulidade da sentença arbitral.

106. LOBO, Carlos Augusto da Silveira. A definição de sentença arbitral estrangeira. Revista de Arbitragem e Mediação, n. 9, 04-06/2006, p. 62-71.

2

A MODERNIZAÇÃO DO DIREITO ADMINISTRATIVO, AS INFLUÊNCIAS DO DIREITO PRIVADO E O SISTEMA ARBITRAL

2.1. A modernização do direito administrativo[1]

A arbitragem como mecanismo extrajudicial, com as reformas legislativas é um dos principais instrumentos inicialmente privado que paulatinamente está sendo introduzido e incorporado ao direito administrativo e esse fenômeno de utilização de mecanismos privados no direito público é trabalhado por vários doutrinadores e estudiosos do direito administrativo.

O direito administrativo, assim como o direito constitucional é fruto de ideias de limitação de poder, tendo surgido a partir do momento em que todos passam a submeter a uma

1. PIETRO, Maria Sylvia Zanella di. Transformações do direito administrativo. Revista de Direito da Administração Pública. Universidade Federal Fluminense, Rio de Janeiro, v. 2, p. 204-208, jun. 2016.

vontade heterônoma e externa, que é a vontade do legislador, representantes do povo, com a ideia de contenção do Poder.

O marco de um modo geral é a própria revolução francesa, com a passagem de um Estado de polícia para o Estado de Direito. Ressalta-se que assume importância para o entendimento da gênese do direito administrativo a separação dos poderes.[2]

Sabino CASSESE aponta que:

> "O direito administrativo nasce na França como efeito da revolução francesa e do primeiro Império, que derrubam (abolem) não só as instituições políticas, mas também as instituições administrativas do Antigo Regime".[3]

Conforme apresenta Bernado Strobel Guimarães[4], a emergência do Direito Administrativo nos sistemas jurídicos de matriz continental europeia se deu pela afirmação da especificidade das suas normas em relação às normas de Direito Privado, sendo

---

2. Registra-se, todavia, que há doutrinadores que pretendem que o surgimento Direito Administrativo antecede a Revolução Francesa, pois algumas estruturas que permitiram a afirmação da autonomia desta matéria derivam do *Ancien Régime*, bem como eram conhecidos limites ao Poder. Todavia a opinião amplamente majoritária atrela a origem do Direito Administrativo à Revolução, pois foi apenas neste momento em que se afirmaram os princípios necessários ao reconhecimento da sua autonomia. Para uma resenha dessa questão consulte-se: Carmen CHINCHILLA MARÍN. Reflexiones en torno a la polémica sobre el origen del Derecho Administrativo, *Nuevas Perspectivas del Derecho Administrativo, tres estudios*, Madri: Civitas, 1992, p. 21-57 e MEDAUAR. Odete. *O Direito Administrativo em Evolução*, 2ª ed., São Paulo: RT, 2003, p. 13-23.
3. *La Construction du droit administratif France et Royaume-Uni*. Paris: Montchrestien, 2000, p. 21.
4. GUIMARÃES, Bernado Strobel. O EXERCÍCIO DA FUNÇÃO ADMINISTRATIVA E O DIREITO PRIVADO. 2010. 219 f. Tese (Doutorado) – Curso de Direito, Universidade de São Paulo, São Paulo, 2010.

estas compreendidas como as que ordinariamente se destinariam a reger a vida em sociedade (configurariam o chamado Direito Comum) e aquelas as que tratariam do Estado. Apartando de modo estanque Direito Privado e Direito Público.

Levando em consideração a sua origem, o Direito Administrativo, durante um bom tempo, tinha como escopo a desvinculação das suas normas, com as que regem a relação entre os particulares, o denominado Direito Comum.

Esse entendimento foi externado pelo jurista italiano Guido Zanobini[5], que destacava duas condições necessárias para que se pudesse falar em direito administrativo em sentido próprio:

> Nenhum Estado, por mais primitiva e simples que seja a sua organização, pode deixar de ter (prescindir) uma função administrativa e os orgãos a ela delegados: nem todos os Estados, porém, apresentam um direito administrativo. A existência deste está subordinada a duas condições: que a atividade administrativa esteja regulamentada por normas jurídicas exterioromente obrigatórias, e que tais normas sejam distintas das que regem outras pessoas jurídicas e em particular as pessoas físicas (cidadãos).

Em virtude da origem do direito administrativo, foi institucionalizando a noção de que a autonomia do direito estaria presente na medida de que a Administração descolaria das regras que regem os demais sujeitos de direito nas suas relações, tendo em vista as suas característas elementares, passa a contar com um regime jurídico que lhe é próprio, cujo conteúdo é formado por normas que se apartariam do Direito Privado.

5. *Corso di Diritto Amministrativo*, vol. I, 5ª ed., Milão: Giuffrè, 1947, p. 31.

O direito administrativo clássico era considerado um mero conjunto de condições necessárias à conformação da estrutura burocrática do Governo às regras criadas pelo Poder Legislativo. Isto é, pensava-se o direito administrativo como sendo a disciplina voltada apenas à organização da máquina administrativa do Estado, com características de unidade, centralização e uniformidade, em posição privilegiada em relação ao cidadão e direcionada à manutenção do funcionamento dos serviços públicos.

Aduz, (GUIMARÃES, 2010)[6] que o processo de ruptura do Direito Administrativo tem uma longa história, que passa não só pela percepção de sua autonomia didática, mas também pela evolução da idéia de exorbitância que vai caracterizar--lhe desde a origem. A questão fundamental neste instante é, portanto, compreender o inter-relacionamento entre o Direito Administrativo e o Direito Privado, que está na base mesmo da compreensão que temos acerca daquela disciplina.

Dedicamos a indicar o processo de descolamento entre estes dois ramos da ciência jurídica, sem menoscabar o fato de que – sempre – ainda que em alguma medida, o Direito Privado integrou a maneira de atuação do Direito Administrativo. Por mais que haja um descolamento formal entre as matérias, o Direito Administrativo sempre se valeu – em menor ou maior medida a depender do momento histórico – do Direito Comum. Assim, tem-se por objetivo estudar não apenas o que apartou as referidas matérias, mas também os pontos de contato que foram mantidos.

---

6. GUIMARÃES, Bernado Strobel. O EXERCÍCIO DA FUNÇÃO ADMINISTRATIVA E O DIREITO PRIVADO. 2010. 219 f. Tese (Doutorado) – Curso de Direito, Universidade de São Paulo, São Paulo, 2010.

Os sistemas francês e alemão contribuíram decisivamente para a formação do Direito Administrativo de matriz continental européia. Definindo a noção de separação da relação havida entre Direito Privado e Direito Administrativo nesses sistemas.

Em virtude desses supramencionados sistemas houve o desenvolvimento da ideia de que administrar seria meramente executar a lei de ofício, paradoxalmente à ideia de sua gênese (limitação de poder) o direito administrativo se desenvolve como o direito de exorbitância, influenciado pelas decisões do Conselho de Estado Francês. Tal órgão integra a justiça administrativa e é responsável pelas causas que envolvesse a Administração Pública francesa.

Com a evolução da figura do Estado e da Administração Pública como um todo, tem-se levado a uma alteração dessa relação entre Direito Público e Direito Privado, uma vez que em decorrência de fenômenos como globalização, o enfrentamento de crises econômicas e financeiras, premente necessidade de financiamento por agentes e organismos internacionais exige-se mais formas de atuação pelo Estado.

Em sua tese de doutoramento apresentada à Universidade de São Paulo, (GUIMARÃES, 2010)[7], aduz textualmente no seguinte sentido:

> Note-se desde logo, que mesmo antes do Estado de Direito, as prerrogativas nos Príncipes no Direito Antigo, que caracterizavam o "jus eminentes", já eram

7. GUIMARÃES, Bernado Strobel. O EXERCÍCIO DA FUNÇÃO ADMINISTRATIVA E O DIREITO PRIVADO. 2010. 219 f. Tese (Doutorado) – Curso de Direito, Universidade de São Paulo, São Paulo, 2010.

tidas como derrogatórias do Direito Comum, pois nelas havia uma parcela de autotutela dos interesses soberanos, que não era possível de ser assimilada à relação jurídica ordinária.

Destaca-se que nessa primeira fase do sistema jurídico administrativo os sistematizadores se preocupavam em enfatizar que o método de trabalho era o elemento distintivo do Direito Administrativo ao Direito Privado.

Historiador, jurista e filósofo francês Jacques Chevallier um dos principais autores do Direito administrativo e da Teoria do Estado contemporânea. Como fruto de suas reflexões acerca das mutações de Estado, Direito e Política diante das intempéries da globalização, Chevallier escreveu a sua obra "L'État post-moderne", traduzida para português como "O Estado Pós-Moderno", entende que esta concepção tradicional do Direito Administrativo foi em sua essência, baseada na visão da doutrina, francesa, alemã e italiana, as quais buscavam separar o Direito em dois grandes ramos: o direito público, aplicável às relações do Estado; e o comum, aplicado nas relações privadas. Esta divisão, mais do que uma divisão cientifica ou analítica, estava fundamentada, na verdade, numa visão de mundo, segundo a qual a sociedade também deveria ser entendida como segmentada em dois setores distintos e impermeáveis, o público e privado.[8]

Gustavo Augusto Freitas de Lima[9] aborda o entendimento do jurista francês Jean Rivero salientando que:

8. CHEVALLIER, Jacques. O Estado Pós-Moderno. Belo Horizonte: Fórum, 2010. Tradução de: Marçal Justen Filho.

9. LIMA, Gustavo Augusto Freitas de. Direito Administrativo: entre o público e o privado. Revista Jus Navigandi, ISSN 1518-4862, Teresina, ano 17, n.

> Segundo esta concepção, haveria uma clara preponderância hierárquica entre as duas esferas: o Estado, por representar o interesse público, era visto como ocupando uma posição de superioridade em relação ao privado, o qual representaria o interesse individual. Esta preponderância do Estado sobre o indivíduo era justificada através de um discurso retórico, o qual afirmava que caberia ao Estado a satisfação desinteressada do bem comum e dos interesses da coletividade.

Segundo a Professora Odete Medauar, na década 80 do século passado, a tendência, para a administração pública, consistiu na maior proximidade com a comunidade, o predomínio da transparência em vez do segredo, a transferência para particulares de atividades desempenhadas pelo poder público, a utilização do direito privado, diminuição do exercício do poder de império, utilização de convenções e contratos para a solução de problemas, aumento do controle pelo resultado, desregulamentação e desenvolvimento das atividades sob a forma policêntrica.

Por outro lado, a administração pública nas duas últimas décadas encontra-se no contexto de um movimento amplo de reforma dos Estados nacionais, que buscou a promoção da liberdade econômica dos mercados mediante a desregulação e a privatização. Do ponto de vista estrutural, em face do movimento de privatização, surgiram órgãos reguladores tanto de atividades de mercado quanto de serviços públicos. Igualmente, os órgãos colegiados passaram a contar com maior presença de representantes da sociedade civil. Do ponto de vista das atividades ou do funcionamento da administração

---

3414, 5 nov. 2012. Disponível em: <https://jus.com.br/artigos/22945>. Acesso em: 12 junho. 2017.

pública, houve a expansão do número de atividades prestadas, sendo que, embora tenha havido a delegação da prestação para a iniciativa privada, a administração pública ficou responsável pela fiscalização do desempenho.[10]

2.2. As relações do direito administrativo e a arbitragem.

Atualmente, levando em consideração esse arcabouço evolutivo do Direito Administrativo são diversas as fontes primárias e secundárias, tais como: Constituição Federal, Constituições Estaduais, Leis Orgâncias dos Municípios, leis ordinárias, complementares, normas regulamentares, entre outras.

Há outras fontes, que não sejam normas jurídicas. A doutrina tem inegável papel como fonte do Direito Administrativo, uma vez que na ausência de um grande código sobre a matéria, a doutrina tem o papel e a função de sistematizar e conferir uma didática à compreensão da doutrina e aplicar a lei estabelecida ao caso concreto.

Sobre as fontes do direito administrativo, transcrevemos o entendimento de Gustavo Binenborjm[11]

O direito administrativo e isto ocorre mundo a fora, é um ramo não codificado do direito, isto é, não disciplinado de

---

10. MEDAUAR, Odete. *Direito administrativo em evolução.* 2.ed. São Paulo: Revista dos Tribunais, 2003, p.124-125. Segundo a autora: "A organização administrativa apresentava-se como unitária, uniforme, monocrática, centralizada; a centralização, que acentuava tendência do Estado absolutista, em muitos Estados europeus, tinha justificativa na necessidade de consolidação do poder político".

11. BINENBOJM, Gustavo. Uma teoria do Direito Administrativo: Direitos Fundamentais, Democracia e Constitucionalização. 2. ed. Rio de Janeiro: Renovar, 2008.

forma sistemática e exaustiva pelo legislador. De fato, havendo resistido à era das grandes codificações, esta disciplina de direito público constitui-se de um mosaico de normas esparsas, de distintos graus hierárquicos, emanadas de inúmeros órgãos e entidades de diretentes níveis da federação, tendo cabido historicamente à jurisprudência e à doutrina o seu desenvolvimento científico.

Interessante, também, sobre as fontes do direito administrativo, (BINENBORJM, 2008), o seguinte: A Constituição Federal de 1988, riquíssima em regras e princípios de direito administrativo, tem destacado papel de cerne do sistema, servindo de base para a sistematização do mosaico de normas da disciplina.[12]

Também, é considerada como fonte do Direito Administrativo a jurisprudência, em seu mais variado aspecto, como enunciados dos Tribunais Superiores, Tribunais de Justiça, Tribunais Regionais Federais, bem como os julgamentos dos Tribunais de Contas.

As práticas administrativas reiteradas também podem ser consideradas como fonte do Direito Administrativo, sendo

12. Conferir sistematicidade ao direito é uma tarefa não só do legislador como também do interprete, o que se destaca no direito administrativo, diante de suas peculiariedades. De acordo com Canaris, tal tarefa decorre do valor igualdade ("tendência generalizadora da justiça"), sendo certo que a fuga do pensamento sistemático pode levar a que o aplicador do direito trate hipóteses equivalentes de maneira desigual, ou casos distintos de forma idêntica (ressalvando-se os casos em que o pensamento tópico tem aplicabilidade). Daí a necessidade de que todo o conjunto de fontes do direito tenha como atributos necessários a ordenação e a unidade, o que será conferido através dos princípios gerais do direito, que permeiam todos os ramos do direito (v. Claus-Wilherlm Canaris, Penamento Sistemático e Conceito de Sistema na Ciência do Direito, 2002).

nessa ocasião, potencializado o princípio da legítima confiança que gera expectativa no administrado, e também funcionam para influênciar o legislador.

A função central do Direito Administrativo é a mediação de conflito entre a autoridade e a liberdade, que é onde transita tal ramo do Direito.

2.3. O direito privado como mecanismo de eficiência da gestão pública

A Administração Pública nos últimos tempos sofreu significativas transformações, deixando de lado os procedimentos formalistas e burocráticos para adotar uma gestão voltada para obtenção de resultados e o atendimento do interesse público de forma eficiente. Esse novo modelo de Administração Pública teve ênfase nos princípios gerenciais em contraposição ao aparelho burocrático, em que se busca a eficiência dos serviços públicos e dos atos governamentais para manter a capacidade governativa do Estado. Os princípios de governança aplicados no contexto econômico e nos setores privados foram transportados para o Poder Público para corrigir a forma de gerenciamento do Estado.

A Administração Pública brasileira foi modificada com o advento da constitucionalização do direito administrativo (neoconstitucionalismo), que promoveu profundas alterações na atuação da gestão pública para com a sociedade, reformulou os métodos hermenêuticos voltados para o cumprimento dos postulados constitucionais da boa administração pública.[13]

---

13. SIQUEIRA, Dirceu Pereira; FERREIRA, Olavo Augusto Vianna Alves. Governança estatal, orçamento e os direitos da personalidade: os impactos

Atualmente, o sistema político brasileiro sofre uma crise institucional de governabilidade e de legitimidade, em virtude das sobrecargas de despesas com promessas políticas e programas governamentais (despesas maiores do que receitas), demonstrando a falha do Estado e a ineficiência na gestão dos recursos públicos. A Constituição deve presumir uma equação de governabilidade de estruturação do poder com estabilidade, eficiência e democracia, bem como deve promover a participação da população não como mera governada, mas como real governante do poder.[14]

As crises de governabilidade enfrentadas pelo Estado brasileiro (crises fiscais, políticas e econômicas) e da falta de responsabilidade dos agentes públicos em realizar a correta aplicação dos recursos públicos fez com que o Brasil adotasse novos modelos pautados nos princípios da boa governação, com transparência e responsabilidade, objetivando a concretização dos interesses públicos da coletividade.

A boa governação é utilizada com flexibilidade nos contextos em que for empregada, podendo abranger o respeito aos direitos humanos e ao Estado Democrático de Direito, a participação dos cidadãos nos negócios públicos, o pluralismo político, a transparência nos processos e decisões, as instituições responsáveis, a legitimidade dos atos de governo, a eficiência da Administração Pública e a sustentabilidade.

Sobre o que a doutrina tem denominado como transformação do direito administrativo importante trazer o que a jurista portuguesa Maria João Estorninho, inspirada na

---

negativos da "má gestão" no contexto econômico. Revista de Direito Empresarial – RDEmp, Belo Horizonte, ano 14, n. 3, set./dez. 2017.

14. FERREIRA FILHO, Manoel Gonçalves. Constituição e governabilidade: ensaio sobre a (in)governabilidade brasileira. São Paulo: Saraiva, 1995.

doutrina alemã chama de fuga para o direito privado (*Flucht in das Privatrecht*), que nas palavras de Gustavo Binenbojm é constituído, justamente, por um conjunto de adaptações e recriações de institutos do direito civil, o regime jurídico administrativo, desde pelo menos o advento do Estado de bem-estar, passou a fazer um curioso caminho de volta. Se o regime administrativo se caracteriza por uma combinação de prerrogativas e restrições, a fuga para o direito privado permite que as administrações centrais despindo-se das restrições por meio da constituição de entidades administrativas com personalidade de direito privado. Esta privatização da atividade administrativa tem se dado por varidas formas e em diferentes setores.[15]

A professora Maria Sylvia Zanella Di Pietro, sobre a privatização e a chamada fuga para o direito privado, aduz o seguinte:

> Fala-se atualmente em fuga do direito público ou fuga para o direito privado, designando-se, com isso, a utilização, pela Administração Pública, de institutos do direito privado. Dentro dessa tendência, fala-se em consensualismo, com o intuito de substituir os atos unilaterais, imperativos, por acordos em que se reduzem as prerrogativas autoritárias da Adminstração Pública; fala-se em crescimento das parcerias com entidades privadas, como concessionárias e permissionárias e com entidades do terceiro setor; fala-se em em substituição dos servidores públicos pelos empregados terceirizados; fala-se em redução das cláusulas exorbitantes dos contratos administrativos; fala-se em introdução de princípios da ordem econômica (como

15. BINENBOJM, Gustavo. Uma teoria do Direito Administrativo: Direitos Fundamentais, Democracia e Constitucionalização. 2. ed. Rio de Janeiro: Renovar, 2008.

> liberdade de iniciativa e livre concorrência) com relação a atividades tradicionalmente consideradas como serviços públicos; fala-se em privatização de empresas estatais e e liberação de serviços públicos (em movimento contrário ao da publicatio).[16]

Segundo, (PIETRO, 2016) Maria João Estorninho trata do tema de forma original. Ela começa falando da teoria da bifurcação da personalidade do estado, elaborada com o proposito de abranger a teoria da irresponsabilidade do Estado, que vigorava no período das monarquias absolutas. O Estado teria dupla irresponsabilidade: a) o Estado, poder político, dotado de soberania, que pratica atos de império, com todas as prerrogativas próprias de autoridade, não sujeitos à lei nem ao controle judicial. A autora esclarece ter sido com a elaboração da teoria da bifurcação da personalidade do estado que este passou a submeter-se à lei; mas como não havia ainda o direito público, a submissão se dava ás normas do direito civil. A utilização do direito civil, nesta fase, veio como uma cara boa, porque foi uma forma de proteger os direitos do cidadão diante todos os poderes estatais.

A utilização da Arbitragem como Método Extrajudicial de Solução de Controvérsias pela Administração Direta e Indireta, conforme apresentaremos nos capítulos a seguir, vem ao encontro do fenômeno da utilização de institutos de direito privado, aplicando técnicas de organização e gestão privadas à Administração Pública, com vistas a concretizar o princípio da eficiência que sempre foi um dos principais escopos da iniciativa privada.

16. PIETRO, Maria Sylvia Zanella di. Transformações do direito administrativo. Revista de Direito da Administração Pública. Universidade Federal Fluminense, Rio de Janeiro, v. 2, p. 204-208, jun. 2016.

Nesse sentido trabalha Gustavo Binenbojm, onde aduz haver o fonômeno da Privatização da atividade administrativa[17]:

> Esta privatização da atividade administrativa tem se dado por variadas formas e em diferentes setores. A emergência do gerencialismo procura aplicar técnicas de organização e gestões empresariais privadas à Administração Pública. Assiste-se, assim, à emergência de filhotes híbridos da vetusta dicotomia entre a gestão pública e a gestão privada: a atividade de gestão pública privatizada (regime administrativo flexibilizado) e a atividade de gestão privada publicizada ou administrativizada (regime privado altamente regulado). Essa hibridez de regmes jurídicos, caracterizada pela interprenetração entre as esferas pública e privada, representa um dos elementos da crise de identidade do direito administrativo.

A constitucionalização do Direito Administrativo divide-se em: a) Constitucionalização inclusão que é previsão de artigos que tratam do ramo do Direito Administrativo, como o próprio artigo 37, o artigo 175 da Constituição Federal; b) Constitucionalização releitura decorrendo da força expansiva das normas constitucionais que permitem a interpretação de determinados institutos do Direito Administrativo. Esse fenômeno traz determinadas consequências que podem ser observadas, quais sejam:

> a) Limite e condicionamento da atuação do Estado nos aspectos econômicos e sociais; b) Princípio da legalidade sendo trabalhado em seu sentido amplo, trazendo a previsão

17. BINENBOJM, Gustavo. Uma teoria do Direito Administrativo: Direitos Fundamentais, Democracia e Constitucionalização. 2. ed. Rio de Janeiro: Renovar, 2008.

> de juridicidade; c) Releitura da supremacia do interesse público sobre o interesse privado; d) Intensificação do controle da administração pública; e) Processualização do Direito Administrativo na formação de decisão; f) Ampliação da consensualidade; g) Vinculação positiva da administração pública aos direitos fundamentais; h) Valorização da segurança jurídica no exercício da atuação da administração; i) Separação entre as funções de governo (art. 84 da CRFB) e da administração pública (art. 37 da CRFB); j) Releitura de institutos clássicos do direito administrativo.

Essa utilização se dá em busca de uma maior eficiência no âmbito da administração pública. Esse entendimento há três aspectos importantes a serem observados, quais sejam:

> a) Relativização de fronteira entre o direito público e o direito privado – tudo que de alguma forma disciplinar a função administrativa é tida como direito administrativo. b) Realização de tarefas públicas sob o regime de direito privado – quando d criação de uma estatal, por exemplo. c) Plano dos limites do emprego do direito privado e o exercício da função administrativa – Maria João Estorninho traz a ideia de que o emprego de mecanismos de direito privado não poderá significar redução e nem mesmo pode trazer consequências negativas para a tutela dos direitos do administrado.[18] d) Pragmatismo de interdisciplinariedade do Direito Administrativo.

Desse movimento surge a noção de regulação, compreendida com uma nova função a cargo da Administração, a

18. ESTORNINHO, Maria João. A Fuga para o Direito Privado – Contributo para o estudo da actividade de direito privado da Administração Pública. Coimbra: Almedina, 1999.

sintetizar elementos relativos às lógicas do poder de polícia e da Administração prestacional. Vale aqui mencionar a advertência de Luisa Torchia assinala que:[19]

> "As relações entre as administrações públicas entre si e entre estas e os cidadãos não são mais, por conseguinte, organizadas sempre ex ante, como acontece nos sistemas centralizados e hierárquicos, mas são o fruto de interações, negociações, controles e confrontos, como sucede nos sistemas abertos e dispersos (difusos)."

Logo, é necessário o manejo de competências capazes de acomodar esses diversos interesses, o que está subjacente à noção de regulação. Por outro lado, é típico deste novo paradigma o debate acerca da privatização de tarefas e bens públicos. A retração da Administração no que toca à atuação imediata é diretamente proporcional à privatização (tomada em sentido amplo).

Toda a retirada do Estado de certas atividades por ele antes desempenhadas é identificada *latu sensu* com a noção de privatização, que predica o deslocamento de algo compreendido como pertencendo ao domínio público para o privado.

Nesse diapasão entende-se que atualmente não há mais dúvida de que o Direito Privado, serve como instrumento de promoção dos objetivos públicos, impondo às relações individuais certas pautas sociais que devem ser respeitadas com vistas a garantir objetivos julgados adequados pelo Legislador. E isso aporta significativa alteração no modo pelo qual se com-

---

19. TORCHIA, Luisa; SANDULLI, Aldo; CHITI, Edoardo. La scienza del Diritto Amministrativo e il Diritto Privato, La scienza del Diritto Amministrativo nella seconda metà del XX secolo. Nápoles: Scientifica, 2008.

preende tradicionalmente a dicotomia público/privado, pois tradicionalmente a missão de velar por interesses da sociedade é atribuição de natureza pública. O fenômeno está a indicar que o Direito Privado calcado no interesse do indivíduo é muito mais uma figura do passo do que algo que se verifique na ordem jurídica vigente.

Trata de um direito administrativo preocupado com a atuação administrativa. Não basta o agente, ter que aferir bons resultados, que são esperados pelo ordenamento. Gustavo Binenbojm sustenta que ao lado da virada constitucional, há de se buscar um resultado e com foco na eficiência da ação administrativa na produção desse resultado.

Essa ideia traz o reconhecimento de que o Direito não se basta, há necessidade de contribuição da economia, estatística, para que sejam alcançados bons resultados na atuação.

Interessante, apresentar o entendimento da Professora Maria Sylvia Zanella di Pietro, que em textualmente aduz o seguinte:

> Por mais que se idealize a fuga do direito administrativo, ela nunca poderá ser integral, porque, mesmo quando se socorre de institutos de direito privado, tais normas são parcialmente derrogadas pelo direito público.
>
> Na realidade, pode-se afirmar que essa fuga provoca o crescimento do chamado direito privado administrativo, que constitui parte integrante do direito administrativo considerado em seu sentido amplo: este abrange tanto as normas de direito público que compõe o regime jurídico a que se submete a Administração Pública (o direito público administrativo ou direito administrativo em sentido restrito), como as normas de direito privado, aplicadas com derrogações em maior ou menor grau, por normas de direito público (o direito privado administrativo).

> A fuga para o direito privado que ocorre no direito brasileiro assemelha-se à que ocorre no âmbito da União Europeia no que diz respeito à intenção, que é a de fugir às "amarras" do regime jurídico administrativo; mas afasta-se daquele modelo quando defende que a utilização do direito privado libera a Administração Pública das prerrogativas e sujeições próprias do regime jurídico administrativo. O próprio direito positivo, inclusive a Constituição, contem normas que se aplicam independentemente de ser de direito público ou de direito privado o instito utilizado; é o caso dos princípios referidos no artigo 37 da Constituição, da exigência de licitação, das cláusulas exorbitantes dos contratos administrativos (aplicadas, em grande parte, aos contratos de direito privado).

Atendendo esse movimento da criação do direito privado administrativo na data de 26 de maio de 2015, foi sancionada a Lei nº 13.129/2015, resolvendo uma lacuna que existia, uma vez que a Corte de Contas da União possuía um firme entendimento no sentido da não possibilidade de submissão de litígios de que participe a Administração Pública Direta e Indireta à arbitragem, no Acórdão nº 1.271/2005 proferido pelo plenário foi rejeitada previsão de cláusula compromissória em contrato administrativo, por reputar que tal estipulação dependeria de expressa autorização legal, sem a qual o administrador público ficaria impedido de firmar cláusula arbitral por simples juízo de oportunidade e conveniência.[20]

---

20. TCU, Plenário, autos nº 005.123/2005-4, Acórdão nº 1.271/2005, Rel. Min Substituto. Marcos Bemquerer, 24.08.2005, DOU, 02 de setembro de 2005. Confiram-se os seguintes precedentes do Tribunal de Contas da União, que identificamente reputam inviável processo arbitral envolvendo a Administração Pública: Plenário, autos nº 010. 139/2002-0, Acórdão nº 215/2004, Rel. Min. Ubiratan Aguiar, j. 10.03.2004, DOU, 22 de março de 2004.

Sobre a perspectiva constitucional do direito administrativo, constata-se que essa também gera reflexos na eleição da arbitragem, a luz da jurisprudência que é uma importante fonte do direito, merece destaque o entendimento externado pelo Ministro do Supremo Tribunal Federal Luiz Fux, à época Ministro do Superior Tribunal de Justiça:

> O Estado, quando atestada a sua responsabilidade no afã de minimizar os seus prejuízos patrimoniais, persegue nítido interesse secundário, subjetivamente pertinente ao aparelho estatal em subtrair-se de despesas, engendrando locupletamento à custa do dano alheio. Deveras, é assente na doutrina e na jurisprudência que indisponível é o interesse público, e não o interesse da administração.[21]

Hoje com a evolução dos meios de comunicação e a internacionalização da economia brasileira, a globalização dos mercados incrementada nos últimos momentos do século XX pôs o país em contato com uma outra realidade, fazendo a necessidade de uma análise interdisciplinar no campo do direito, com novas pespectivas, devendo haver uma nova leitura da concepcção tradicional do poder estatal.

Lauro da Gama e Souza Jr, examina o cabimento da arbitragem envolvendo o Poder Público à luz da Constituição Federal. Para ele, a admissão da arbitragem objetivando a resolução de conflitos envolvendo o Estado se destinaria à concretização de valores constitucionais, tais como o princípio da eficiência e a garantia da duração razoável do processo. Conclui que deve haver ponderação entre o princípio da legalidade e demais

21. STJ, MS 11.308/DF, decisão monocrática proferida pelo Ministro Luiz Fux, j. 07/02/2006, DJ, 03 março de 2006.

princípios que são incidentes na relação entre o particular e o Poder Público.[22]

2.4. A globalização e a arbitragem no direito administrativo

Nessa perspectiva de globalização do direito Carlos Bastide Horbach, aduz que ao mesmo tempo em que nasce radicalmente vinculado ao princípio da legalidade, realizador do ideal democrático no exercício das atividades de administração pública,[23] o Direito Administrativo surge sem o amparo dogmático de uma normatização pretensamente exaustiva, como eram entendidas as codificações do início do século XIX.[24]

Nesse sentido, coube a jurisprudência, a fixação dos traços característicos dos institutos do embrionário Direito Administrativo, individualizando-o como disciplina e como ramo autônomo da ciência do direito.

Carlos Bastide Horbach, citando a Professora Odete Medauar aduz que com a famosa Lei do 28 *pluviose* do Ano VIII (1800), houve a delimitação clara de uma jurisdição administrativa, atribuindo-se ao Conselho de Estado francês funções judiciais na solução dos conflitos concernentes à

---

22. SOUZA JUNIOR, Lauro da Gama e. Sinal verde para a arbitragem nas Parcerias Público-Privadas: (A construção de um novo paradigma para os contratos entre o Estado e o investidor privado). Revista Brasileira de Arbitragem, Porto Alegre, n. 8, p.12-25, dez. 2005.

23. RIVERO. *À propos des métamorphoses de l' administration d'aujourd'hui*: démocratie et administration. Pages de doctrine, p. 257: "O princípio da legalidade é, pois, a manifestação da democracia na administração".

24. HORBACH, Carlos Bastide. Direito administrativo e direito privado na obra de Ruy Cirne Lima. *Fórum Administrativo Direito Público – FA*, Belo Horizonte, ano 9, n. 98, abr. 2009. Disponível em: <http://www.bidforum.com.br/PDI0006.aspx?pdiCntd=57124>. Acesso em: 15 nov. 2017.

Administração, tal qual ocorria no Antigo Regime em relação ao Conselho do Rei, como demonstra Tocqueville.[25]

O Conselho de Estado passa, então, a protagonizar a formação do Direito Administrativo, o que facilmente é comprovável pela leitura das obras dos autores que são considerados os fundadores da doutrina administrativista: Gérando, Cormenin e Macarel. Todos eles, em seus trabalhos, enfatizam a importância das decisões da jurisdição administrativa para a construção do ordenamento próprio da Administração Pública, sendo que os dois últimos eram, inclusive, membros do Conselho de Estado.[26]

Essa autonomia jurisdicional da Administração Pública, aliada à escassez de textos normativos, fez com que o Conselho de Estado desenvolvesse o arcabouço normativo administrativo com bases advindas do Direito Civil, num movimento que, de início, demonstrava uma autonomia processual da disciplina, que desenvolveu, aos poucos, sua autonomia material.[27]

O esforço da jurisprudência administrativa foi exatamente o de adaptar as regras tradicionais do Direito Civil ao regime jurídico próprio da Administração Pública, com suas implicações de Direito Público e suas normas cogentes, no qual se destacava o dogma do princípio da legalidade. Esse movi-

25. HORBACH, Carlos Bastide. Direito administrativo e direito privado na obra de Ruy Cirne Lima. *Fórum Administrativo Direito Público – FA*, Belo Horizonte, ano 9, n. 98, abr. 2009. Disponível em: <http://www.bidforum.com.br/PDI0006.aspx?pdiCntd=57124>. Acesso em: 15 nov. 2017.

26. GUGLIELMI, Gilles J. Vus par ses pères fondateurs, Le Droit Administratif. In: CHEVALLIER, Jacques (Coord.). *Le droit administratif en mutation*. Paris: Presses Universitaires de France, 1993.

27. ESTORNINHO, Maria João. *Requiem pelo contrato administrativo*. Coimbra: Almedina, 1990.

mento, na perspectiva da época, alterava substancialmente os institutos, dando-lhes uma natureza jurídica nova, o que levava Cormenin a afirmar que "o Direito Administrativo constitui hoje [1840] uma ciência verdadeira e completa, que toca, de um lado, o Direito Civil e, de outro lado, o Direito Político" (*Droit Administratif.* t. I, p. 43, grifos não originais).[28]

Essa realidade é perceptível na análise de diversos institutos do Direito Administrativo, construídos a partir das noções estudadas na Teoria Geral do Direito Civil. A concepção civilista foi conformada pela jurisprudência e pela obra doutrinária dos primeiros administrativistas, de modo a adaptar uma construção normativa vinculada à autonomia da vontade a um regime jurídico estruturado no influxo de uma finalidade cogente, para desde logo utilizar uma expressão de Ruy Cirne Lima.[29]

Seguindo tal linha, foram desenhados os traços dos institutos do nascente Direito Administrativo, os quais, ante a vinculação radical ao princípio da legalidade, adquiriram linhas bastante rigorosas. É possível afirmar que, a partir de então, elaborou a jurisprudência administrativa francesa uma teoria alheia ao Direito Civil – apesar de tê-lo como base -, numa produção a qual terá seu ápice criativo no período entre 1870 e meados dos anos 1920, conhecido como a *belle époque* do Conselho de Estado francês.

Otto Mayer, ao estabelecer as bases da disciplina no ambiente germânico, igualmente importou elementos do Direito

---

28. GUGLIELMI. Vus par ses pères fondateurs, Le Droit Administratif. In: CHEVALLIER, Jacques (Coord.). *Le droit administratif en mutation*, p. 44.
29. HORBACH, Carlos Bastide. Direito administrativo e direito privado na obra de Ruy Cirne Lima. *Fórum Administrativo Direito Público – FA*, Belo Horizonte, ano 9, n. 98, abr. 2009. Disponível em: <http://www.bidforum.com.br/PDI0006.aspx?pdiCntd=57124>. Acesso em: 15 nov. 2017.

Civil, construindo um conjunto de institutos que comprovassem a autonomia científica do nascente ramo da ciência jurídica. Enfatizou, para tanto, a noção de ato administrativo, cuja conformação significava, no Estado de Direito, a limitação das ações estatais no exercício da função de administração pública.[30]

Destacava o autor que "o Direito Administrativo e o Direito Civil têm entre si pontos de contato muito numerosos, que é mister captar a fim de poder fixar os lugares onde as esferas se tocam e traçar a linha que as separa".

Anotava, ainda, que a extensão do Direito Civil a áreas típicas do poder público, provocando uma confusão de esferas durante o Estado de Polícia, foi um dos grandes adversários da construção da nascente ciência do Direito Administrativo. Assim, o novo ramo precisou "diferenciar" seus institutos dos oriundos do Direito Civil, colocando em seus devidos lugares alguns conceitos que eram indistintamente utilizados por ambas as disciplinas.

Desse modo, entre os diversos autores que podem ser pesquisados nesse momento original do Direito Administrativo, é possível identificar duas grandes linhas de construção de seus peculiares institutos.

A primeira, que se poderia denominar de francesa, parte da experiência jurídica do Conselho de Estado na solução de controvérsias a ele submetidas. Ou seja, na apreciação de casos concretos e, inclusive, na delimitação de suas competências, formou a jurisdição administrativa da França o seu rol de institutos próprios. Tal processo, de viés altamente casuístico, foi sendo adaptado e desenvolvido ao longo dos anos, num

30. MAYER, Otto. *Derecho Administrativo Alemán*. Buenos Aires: Depalma, 1982. t. I.

movimento da jurisprudência que acompanhou a evolução e a multiplicação da complexidade da Administração Pública, bem como as diferentes escolas doutrinárias surgidas no Direito Administrativo francês.

A segunda linha de construção do Direito Administrativo é aquela que corresponde ao esforço doutrinário dos administrativistas alemães, a partir de Otto Mayer, na busca de conceitos teóricos que fossem capazes de dar consistência ao nascente ramo da Ciência do Direito.

Desse modo, as concepções da escola alemã refletem os aspectos tradicionais do Direito Público germânico, sendo baseados no elemento-chave de toda essa elaboração doutrinária, qual seja, a noção de autoridade. Com esteio nessa noção, os teóricos alemães desenvolveram conceitos que seriam interpretados e dogmaticamente trabalhados dentro dos métodos clássicos da pandectística, ou seja, por meio de uma interpretação construtiva.

Bernhard Windscheid, um dos principais autores da pandectística alemã, ensina que o tratamento científico do Direito não é somente a interpretação, mas principalmente é a identificação do verdadeiro conceito de uma norma ou de um instituto jurídico, sendo que o mérito do jurista é explorar ao máximo a análise dos conceitos. Assim, refazer a conexão do direito concretamente considerado com o conceito sobre o qual se funda caracteriza a sua construção, constituindo uma interpretação construtiva.[31]

Nessa linha de raciocínio, a tarefa dos juristas alemães do nascente Direito Administrativo, em especial Otto Mayer, foi,

31. WINDSCHEID, Bernhard. *Diritto delle Pandette*: prima traduzione italiana. Torino: Torinese, 1902.

dentro do que era considerado científico pela pandectística, criar conceitos que permitissem uma ampla aplicação, ensejando as operações de subsunção necessárias a estabelecer, nas palavras de Windscheid, a conexão do direito com o conceito sobre o qual se funda.

Resumindo, existem duas linhas fundamentais de aproximação do fenômeno jurídico administrativo. Uma primeira, empírica, casuística e jurisprudencial; e uma segunda, dedutiva, sistemática e doutrinária. A primeira, francesa; a segunda, alemã.

Carlos Bastide Horbach, aborda essa relação do direito privado e direito administrativo no seguinte sentido:

> As cores marcantes dessas novidades ficam, porém, desmaiadas ante a sábia advertência de Ruy Cirne Lima, que desde logo evidenciava a natural relação existente entre o Direito Administrativo e o Direito Privado, propondo a constante comparação entre as duas disciplinas jurídicas. A "multiplicação de 'novidades'" é revertida pela lembrança dos "dogmas privatísticos".

Nessa perspectiva de interação, é interessante constatar que Cirne Lima descreve a formação da própria ideia de administração pública – e a relação jurídica que lhe é típica – a partir do Direito Civil, no qual a administração é exatamente a gestão de bens por agente que não detém o domínio. Para tanto, nos *Princípios*, utiliza institutos de direito privado.[32]

A utilização de normas privatistas no Direito Administrativo é considerada uma tendência moderna, ainda que Fritz Fleiner, em 1928, já falasse da "fuga para o Direito Privado",

32. LIMA, Ruy Cirne. Direito administrativo e direito privado. *Revista de Direito Administrativo*, n. 26, out./dez. 1951.

como bem anota Almiro do Couto e Silva. Esse movimento significa a adoção, pelo Estado, de instrumentos do Direito Privado para a consecução de fins públicos, engendrando o que se convencionou chamar – como anteriormente anotado – de Direito Privado Administrativo.[33]

A ideia do Estado-nação como unidade exclusiva da governança perde espaço, enquanto o direito administrativo se torna cada vez mais presente na arena de debates. Em tempos de globalização, ele está expandindo suas fronteiras em diversos sentidos.[34] Em primeiro lugar, nas últimas décadas, o direito administrativo ampliou seu objeto de estudo para outras áreas, como regulação da energia, telecomunicações, segurança alimentar, saúde, migração, emprego, antitruste, concorrência e regulamentação do mercado financeiro; e continua a avançar conforme surgem as recentes discussões sobre fracking, captura

33. SILVA, Almiro do Couto e. Os indivíduos e o Estado na realização de tarefas públicas. *Revista da Procuradoria-Geral do Estado do Rio Grande do Sul _* Cadernos de Direito Público, v. 27, n. 57 suplemento, 2003.

34. STEWART, R. B. Administrative law in the twenty-first century. New York University Law Review, v. 78, p. 437, 2003; para uma perspectiva alemã, GRIMM, D. Das Öffentliche Recht vor der Frage nach seiner Identität. Tübingen: Mohr Siebeck, 2012; SCHMIDT-AßMANN, E. Internationalisierung des Verwaltungsrechts – Einwirkungspfade und Rechtsprobleme. In: H. BAUER, H.; CZYBULKA, D.; KAHL, W.; VOßKUHLE, A. (Ed.). Wirtschaft im offenen Verfassungsstaat. Festschrift für Reiner Schmidt. Munique: C. H. Beck, 2006. p. 149; Id. Die Herausforderung der Verwaltungsrechtswissenschaft durch die Internationalisierung der Verwaltungsbeziehungen. Der Staat, v. 45, p. 315, 2006; a partir da perspectiva francesa, ver AUBY, J.-B. La bataille de San Romano. Réflexions sur les évolutions récentes du droit administratif. L'actualité juridique – Droit administratif AJDA, v. 57, p. 912, 2001; Id. Globalisation et droit public. In: ____. Gouverner, administrer, juger. Liber amicorum Jean Waline. Paris: Dalloz, 2002. p. 135; e a partir da perspectiva italiana, ver CASSESE, ew paths for administrative law: a manifesto. International Journal of Constitutional Law, v. 10, p. 603, 2012.

e armazenamento de carbono ou geoengenharia. Em segundo lugar, o direito administrativo descobriu modos e instrumentos inéditos de governança, como informações, indicadores e incentivos fiscais,[35] além de arranjos contratuais, como as parcerias público-privadas (PPPs) e licitações.[36]

E em terceiro lugar, o direito administrativo adentrou o espaço jurídico transnacional com as agências nacionais reguladoras do comportamento extraterritorial, lidando com a responsabilidade corporativa ou ambiental em investimentos e comércio estrangeiro;[37] com as agências nacionais de cooperação entre fronteiras, por meio do compartilhamento de informações ou da implementação de projetos conjuntos; e com instituições internacionais e junto com o direito internacional, executando funções administrativas e submetendo-se à análise de ferramentas do direito administrativo, como acontece no Comitê da Basileia, na Agência Internacional de Energia Atômica (Aiea), no Mecanismo de Desenvolvimento Limpo (MDL) ou nos bancos de desenvolvimento multilateral.[38] Tudo isso levou a uma expansão impressionante do direito

35. DAVIS, K. E.; FISHER, A.; KINGSBURY, B.; MERRY, S.E. (Ed.). Governance by indicators: global power through quantification and rankings. Oxford: Oxford University Press, 2012.

36. HODGE, G. A.; GREVE, C.; BOARDMAN, A. E. (Ed.). International handbook on public-private partnerships. Cheltenham: Edward Elgar Publishing, 2010; ARROWSMITH, S.; DAVIES, A. (Ed.). Public procurement: global revolution. Londres: Kluwer Law International, 1998.

37. MUCHLINSKI, P. Multinational enterprises and the law. 2. ed. Oxford: Oxford University Press, 2007. p. 125 e ss.

38. KINGSBURY, B.; KRISCH, N.; STEWART, R. B. The emergence of global administrative law. Law & Contemporary Problems, v. 68, p. 15, 2005; MÖLLERS, C.; VOßKUHLE, A.; WALTER, C. (Ed.). Internationales Verwaltungsrecht. Tübingen: Mohr Siebeck, 2007; TIETJE, C. Internationalisiertes Verwaltungshandeln. Berlim: Duncker & Hum-blot, 2001.

administrativo, em parte, dentro, mas, acima de tudo, para além do Estado-nação.

Segundo Stephan W. Schill a abordagem jurídica transnacional sobre o direito administrativo exige a elaboração de uma teoria do direito administrativo que supere tanto a divisão entre nacional e internacional quanto a divisão entre público e privado, e desenvolva o direito administrativo como uma disciplina que ultrapassa essas fronteiras disciplinares básicas. Tal abordagem jurídica transnacional explica o fato de que uma teoria do direito administrativo não pode mais ser vinculada ao Estado, além de esclarecer por que a natureza do direito administrativo não pode ser entendida apenas por suas fontes nacionais. Em vez disso, tal abordagem segue uma análise funcional das relações sociais e da interação entre público e privado sempre e a qualquer momento que a ação administrativa se realiza. Uma abordagem jurídica transnacional não coloca as fontes do direito administrativo ou de instituições específicas no centro de uma teoria do direito administrativo, mas concentra-se nas funções e nos instrumentos jurídicos utilizados para implementar a governança administrativa.[39]

A globalização, a privatização e os novos instrumentos de governança estão trazendo mudanças essenciais de nível institucional e estrutural aos paradigmas de ordenação tradicional do direito administrativo, que são, por um lado, a hierarquia (ou comando e controle) como um princípio das relações do direito administrativo e um método de governança e, por outro

---

39. SCHILL, Stephan W. Abordagens jurídicas transnacionais sobre direito administrativo: a conceituação dos contratos públicos na globalização Transnational legal approaches to administrative law: conceptualizing public contracts in globalization. Revista de Direito Administrativo – RDA, Belo Horizonte, n. 268, 2015.

lado, a conexão intrínseca entre direito administrativo e direito nacional. Nesse sentido, a globalização leva à dissolução das categorizações mais fundamentais utilizadas para estruturar e definir áreas do direito ou mesmo toda a ordem jurídica, especialmente as dicotomias do direito nacional e internacional, por um lado, e as do direito público e privado, por outro. Assim, a globalização insere o direito administrativo em um espaço jurídico transnacional.

Esse processo pode ser observado por todos os advogados administrativos em todo o mundo, e pode ser descrito em três dimensões: a primeira, a dissolução das fronteiras verticais entre o direito nacional e o direito internacional; a segunda, a dissolução das fronteiras horizontais entre diferentes ordens jurídicas administrativas nacionais; e a terceira, a dissolução da fronteira entre direito público e direito privado, que cruza em diagonal as outras duas distinções ora mencionadas.

Stephan W. Schill entente a fronteira entre público e privado como uma diagonal, aduzindo que o impacto dos agentes privados e do direito privado pode se dar a partir de dentro da ordem jurídica administrativa nacional em questão; ele pode resultar do direito privado de uma jurisdição interna estrangeira.

Percebe que poderá advir da utilização da arbitragem, que "ab initio" era uma função tipicamente privada, sendo consequência do que a doutrina portuguesa denominou de fuga para o direito privado, ou seja, a Administração Pública, buscando a eficiência e efetividade de suas funções pode utilizar de instrumentos e/ou veículos do direito privado para realizar suas tarefas públicas, como acontece com a efetiva utilização do sistema arbitral, mostrando que a divisão entre público e privado perpassa a noção tradicional entre o direito nacional, internacional e estrangeiro.

A ação administrativa foi tradicionalmente entendida no contexto de uma relação hierárquica de superioridade e subordinação entre o Estado e a sociedade. Assim, o direito administrativo atuava com base no comando e no controle. Os contratos entre a administração e os agentes privados, pelo contrário, eram de pouca relevância para teorizar sobre o direito administrativo (sendo a França uma notável exceção).[40]

Otto Mayer, fundador do direito administrativo alemão, aduz que:

> "contratos verdadeiros do Estado no campo do direito público são impensáveis".[41]

Para ele, a cooperação no direito administrativo era um paradigma de ordenação inexistente. Ainda hoje, a hierarquia está tão profundamente entranhada no pensamento do direito administrativo que a cooperação ainda é vista pela erudição administrativa, em muitas tradições nacionais, como uma forma excepcional de ação administrativa.[42]

A mudança subjacente do paradigma na ação administrativa deve-se à dinâmica da globalização e às mudanças no que é considerado como o objeto e a finalidade do Estado e da sua administração de forma mais geral, ou seja, a ascensão do Estado de bem-estar social moderno que leva ao Estado

---

40. LADEUR, K.-H. The changing role of the private in public governance – the erosion of hierarchy and the rise of a new administrative law of cooperation: a comparative approach. EUI Working Paper, n. 2002/9.
41. MAYER, O. Zur Lehre vom öffentlichrechtlichen Vertrage. Archiv des öffentlichen Rechts, v. 3, n. 3, p. 42, 1888.
42. KIRCHHOF, P. Mittel staatlichen Handelns. In: ISENSEE, J.; KIRCHHOF, P. (Ed.). Handbuch des Staatsrechts. 3. ed. Heidelberg: C. F. Müller, 2007. v. V, §99. 159.

fornecedor de bens públicos em áreas que antes estavam fora da sua alçada de responsabilidade. Ambos os fatores são responsáveis pelos Estados e entidades estatais estarem cada vez mais dependentes da cooperação com os agentes da economia privada para atender as metas da política pública.

As respostas políticas à crise financeira e monetária talvez consigam ilustrar melhor a importância do paradigma cooperativo. Assim, o crescimento da cooperação público-privada é um dos objetivos centrais da política da União Europeia e de seus Estados-membros em resposta à crise, tal como expresso no projeto Europa 2020, uma estratégia para um crescimento inteligente, sustentável e inclusivo.[43]

Uma das principais respostas à Estratégia é que a Europa também deve fazer todo o possível para alavancar seus recursos financeiros, buscar novos caminhos no uso de uma combinação de financiamento público e privado, e criar instrumentos inovadores para financiar os investimentos necessários, incluindo parcerias público-privadas (PPPs).

A teoria do direito administrativo deve admitir que, em setores importantes, o Estado não governa mais de forma completamente unilateral pelo comando e controle, mas cada vez mais tende a seguir a vertente cooperativa, inclusive por meio da cooperação com os agentes públicos e privados estrangeiros. Isso também deve ser refletido na teoria do direito administrativo ao se evitar colocar o exercício unilateral da autoridade pública no centro da discussão, buscando englobar as formas cooperativas de governança administrativa, e reconhecer que até mesmo o exercício unilateral da autoridade pública está

43. Comunicação da Comissão, Europe 2020 – Estratégia para um crescimento, inteligente, sustentável e inclusivo, COM (2010) 2020.

sujeito a restrições de cooperação, entre outros, pois o capital pode fluir cada vez mais livremente entre jurisdições em busca de investimentos mais eficientes, ora influenciando a forma de governar e administrar dos Estados.[44]

Essa globalização desempenha um papel importante na utilização da Arbitragem, principalmente os árbitros que são convocados para dirimir litígios decorrentes de contratos públicos. Sua autoridade deriva das cláusulas de arbitragem dos próprios contratos ou das disposições contidas nos tratados de investimento. Um exemplo de arbitragem público-privada nas relações administrativas são as arbitragens envolvendo as concessões de água na Bolívia, Argentina e Tanzânia.[45]

Os árbitros desses casos não resolvem apenas litígios individuais, mas também desenvolvem a legislação relativa às relações subjacentes, inclusive em áreas tão importantes como os setores de energia, serviços públicos e infraestrutura. Nesses casos, eles de fato fazem a lei porque as sentenças arbitrais se tornam públicas e influenciam posteriores tomadas de decisão enquanto jurisprudência[46] O direito então elaborado tem a

---

44. SCHILL, Stephan W. Abordagens jurídicas transnacionais sobre direito administrativo: a conceituação dos contratos públicos na globalização Transnational legal approaches to administrative law: conceptualizing public contracts in globalization. Revista de Direito Administrativo – RDA, Belo Horizonte, n. 268, 2015.

45. Biwater v. Tanzania, 24 jul. 2004, Award, ICSID Case n. ARB/05/22; Aguas del Tunari v. Bolivia, 21 out. 2005, Decision on Respondent's Objections to Jurisdiction, ICSID Case n. ARB/02/3; Suez Vivendi v. Argentina, 30 jul. 2010, Decision on Liability, ICSID Case n. ARB/03/19.

46. KINGSBURY, B.; SCHILL, S. Investor-State Arbitration as governance: fair and equitable treatment, proportionality, and the emerging global administrative law. IILJ Working Paper, 2009/6 (Global Administrative Law Series). Disponível em: <www.iilj.org/publications/documents/2009-6.KingsburySchill.pdf>

probabilidade de se tornar cada vez mais independente dos contextos nacionais específicos, considerando que empreendimentos semelhantes também ocorreram em arbitragens público-privadas com o surgimento da chamada lex mercatória.[47] Assim, os árbitros tornam-se legisladores e contribuem para a elaboração de um direito administrativo transnacional.

No contexto do direito administrativo, os processos judiciais transnacionais representam uma ruptura crucial com a ideia tradicional de que a autoridade administrativa e, portanto, o direito administrativo, estão necessariamente relacionados ao Estado-nação. Em vez disso, a administração da atualidade se dá tanto em nível nacional quanto em nível internacional, e envolve agentes públicos e privados. Isso aumenta o volume de fontes jurídicas do direito administrativo, bem como o número de agentes que o empregam e o moldam de forma criativa. Os processos jurídicos transnacionais desafiam a ideia de que o direito administrativo tem um centro ou ápice, como a que existia no Estado-nação clássico, com sua burocracia weberiana de comando e controle capaz de governar de cima para baixo. Hoje, o direito administrativo como um todo carece de uma estrutura hierárquica; em vez dela, ele é constituído por múltiplos agentes que trazem seus conhecimentos e perspectivas sobre o direito administrativo para o debate em diferentes contextos e fóruns.

A globalização impõe desafios para a teoria do direito administrativo, que pode servir como uma estrutura unificadora para pensar a ação administrativa e o direito administrativo em um espaço jurídico transnacional como esse. Se alguém pretende defender a ideia de que existe uma teoria geral do

---

47. SCHILL, S. Lex mercatoria. In: WOLFRUM, R. (Ed.). Max Planck encyclopedia of public international law. Oxford: Oxford University Press, 2012. v. vi, p. 823.

direito administrativo em um mundo globalizado, que seja uma teoria que explique as especificidades do direito administrativo, o seu objeto e princípios legais, independentemente de qualquer instituição administrativa internacional ou nacional em particular, tal teoria do direito administrativo deve estar dissociada de uma base nacional e estar fundamentada em diferentes conceitos e métodos. Tal teoria geral, sobre a qual este artigo adotou um foco específico sobre os contratos públicos, deve ser baseada em uma abordagem transnacional que englobe o direito internacional e o direito nacional, e abrace a ideia de que o direito administrativo também é constituído pelas interações entre os agentes públicos e privados.[48]

A arbitragem está presente na maioria dos CP e é pouco usada no conhecimento de embarque, exceto quando o BL incorpora nele a cláusula do CP. No caso Fiona Trust and Holding Corp. v. Privalov os armadores queriam rescindir um grupo de CP com base na tese de que havia sido celebrado com corrupção.[49]

2.5. Dos critérios subjetivos e objetivos após Lei 13.12/2015

Dá-se o nome de arbitrabilidade ao conceito que designa a possibilidade de um litígio ser resolvido por arbitragem. A arbitrabilidade refere-se, geralmente, ao objeto do litígio, mas

48. SCHILL, Stephan W. Abordagens jurídicas transnacionais sobre direito administrativo: a conceituação dos contratos públicos na globalização Transnational legal approaches to administrative law: conceptualizing public contracts in globalization. Revista de Direito Administrativo – RDA, Belo Horizonte, n. 268, 2015.

49. CASTRO JUNIOR, Osvaldo Agripino de. Breves notas sobre arbitragem marítima e portuária. Revista de Direito Público da Economia – RDPE, Belo Horizonte, ano 12, n. 46, p. 171-190, abr./jun. 2014.

pode também referir-se à qualidade das partes. Distingue-se, portanto, a "dimensão objetiva", ou ratione materiae, relativa à matéria que pode ser objeto da arbitragem, da "dimensão subjetiva", ou ratione personae, relacionada às partes que podem convencionar uma arbitragem.

A doutrina portuguesa nas palavras de António Sampaio Caramelo[50] aponta que:

> O termo "arbitrabilidade" é habitualmente usado para designar a susceptibilidade de uma controvérsia (ou litigio) ser submetida a arbitragem.

Jacob Dolinger e Carmen Tibúrcio definem com precisão o significado da arbitrabilidade[51]:

> Mesmo se partindo da premissa que a jurisdição – aplicação da lei ao caso concreto – é uma das limitações do Estado, admite-se que as partes possam decidir submeter à solução de seus litígios à arbitragem ao invés de à jurisdição estatal. O Estado conserva, todavia, o poder de impedir que determinadas questões sejam dirimidas pela via da arbitragem, resultando no estabelecimento da regra da competência exclusiva da jurisdição estatal no que se refere a determinadas controvérsias. Nesse caso, diz-se que o litígio não é passível de ser resolvido por arbitragem, ou melhor, nüo é arbitrável. Dessa forma, a arbitrabilidade é uma condição de validade da convenção arbitral e consequentemente da competência dos árbitros.

---

50. CARAMELO, António Sampaio. Critérios de arbitrabilidade dos litígios. Revisitando o tema. Revista de Arbitragem e Mediação. n. 27. Out./Dez. 2010. p. 129-161.
51. Dolinger, Jacob e Tiburcio, Carmem. Direito Internacional Privado. Arbitragem Comercial Internacional. Rio de Janeiro, Renovar, 2003, p. 91.

Do ponto de vista subjetivo, por outro lado, é arbitrável o litígio entre partes que, por lei, sejam capazes de firmar convenção de arbitragem. O critério da arbitrabilidade está condicionado às disposições legais, cabendo à lei de cada país fixar limites ao alcance do instituto da arbitragem. Guarda intrínseca relação com o conceito de validade da convenção de arbitragem, já que esta, se for válida, importará na arbitrabilidade do litígio. E, para ser válida, a convenção precisa ter sido firmada por partes legalmente capazes e dispor sobre matéria que a lei permita se sujeitar à arbitragem. A arbitrabilidade objetiva impõe limites à autonomia de vontade, para resguardar o interesse público.

A arbitrabilidade, portanto, é condição essencial para o exercício e mesmo a existência da jurisdição arbitral. Se uma convenção de arbitragem versar sobre matéria sobre a qual a lei impedir a submissão à arbitragem, a mesma será nula, e a sentença arbitral dela decorrente será igualmente nula. Configura, assim, o limite intransponível da autonomia de vontade: as partes, mesmo querendo, não podem submeter matéria não arbitrável à jurisdição convencionada.[52]

No campo da arbitragem internacional, ainda que sem menção expressa, a Convenção de Nova Iorque dispõe sobre a arbitrabilidade objetiva, especificamente no seu art. 2.º, § 1.º, quando estabelece que "Cada Estado signatário deverá reconhecer o acordo escrito pelo qual as partes se comprometem a submeter à arbitragem todas as divergências que tenham surgido ou que possam vir a surgir entre si no que diz respeito a um relacionamento jurídico definido, seja ele contratual ou

---

52. ROCHA, Caio Cesar Vieira. Arbitragem e Administração Pública: nova disciplina normativa após a Lei 13.129/2015. Revista de Arbitragem e Mediação, São Paulo, p. 1-14, 2016.

não, com relação a uma matéria passível de solução mediante arbitragem" (grifos não constantes do original). A jurisdição arbitral é, deste modo, limitada pela convenção das partes, que é, por seu turno, limitada pelo ordenamento jurídico. Assim, a arbitrabilidade encontra fronteiras impostas pela lei de cada país.[53]

No Brasil a arbitragem é regulamentada pela lei 9.307/96, tal diploma legislativo é fruto do Projeto de Lei do Senado Federal 78, 1992, de autoria do então senador Marco Maciel, que contou com a participação dos juristas Petrônio Muniz, Carlos Alberto Carmona, Pedro Batista Martins e Selma Maria Ferreira Leme, segundo o Ministro do STJ Luis Felipe Salomão, na sua elaboração foram consultadas modernas leis e diretrizes da comunidade internacional, com destaque para as fixadas pela Organização das Nações Unidas (ONU), na Lei Modelo sobre Arbitragem Internacional elaborada pela United Nations Commission on International Law (Uncitral), a Convenção para o Reconhecimento e Execução de Sentenças Arbitrais Estrangeiras firmada em 1958 na cidade de Nova Iorque e a Convenção Interamericana sobre Arbitragem firmada no Panamá.

A partir da promulgação da Lei 9.307/1996, iniciaram-se intensos debates no Brasil acerca da possibilidade de envolvimento da Administração Pública na arbitragem, essa já possuía 16 anos de vigência, o ordenamento jurídico brasileiro, houve inúmeras reformas no direito processual, empresarial, bem como também no direito público, surgindo no âmbito da doutrina e jurisprudência fazendo surgir debate sobre o aperfeiçoamento do sistema arbitral o Senado Federal pela

53. ROCHA, Caio Cesar Vieira. Arbitragem e Administração Pública: nova disciplina normativa após a Lei 13.129/2015. Revista de Arbitragem e Mediação, São Paulo, p. 1-14, 2016.

Portaria nº 14, de 2013, designou Comissão composta por 21 juristas, sob a presidência do Ministro do Superior Tribunal de Justiça Luis Felipe Salomão, tendo como objetivo a elaboração do anteprojeto de Lei de Arbitragem, no prazo de 180 dias, sendo instalada a Comissão em 3 de abril de 2013.[54]

O trabalho da Comissão de Juristas resultou na apresentação da Lei de inciativa do Senado Federal 406/2013, que, após aprovação nas duas Casas Legislativas e sanção Presidencial, se transformou na Lei 13.129/2015 (Reforma da Lei de Arbitragem), segundo José Antonio Fichtner e Andé Luis Monteiro:

> A comissão nomeada deliberou explicitamente manter a estrutura sintética da legislação atual, propondo alterações tópicas no texto, suficientes e necessárias a regular matérias específicas que, no entender da maioria dos seus membros, mereciam intervenção legislativa.[55]

Dentre as várias modificações empreendidas pela Reforma da Lei de Arbitragem, das quais relacionamos o tratamento

---

54. A comissão, consoante os atos do Presidente do Senado Federal 36/2012, 37/2012, 08/2013 e a Portaria da Presidência 14/2013 foi composta pelos membros: Ministro do STJ Luis Felipe Salomão (Presidente), Marco Maciel, José Antônio Fichtner, Caio Cesar Rocha, José Rogério Cruz e Tucci, Marcelo Rossi Nobre, Francisco Antunes Maciel Mussnich, Tatiana Lacerda Prazeres, Adriana Braghetta, Carlos Alberto Carmona, Eleonora Coelho, Pedro Paulo Guerra de Meideiros, Silvia Rodrigues Pereira Pachikoski, Francisco Maia Neto, Ellen Gracie Northfleet, André Chateaubriand Pereira Diniz Martins, José Roberto de Castro Neves, Marcelo Henrique Ribeiro de Oliveira, Walton Alencar Rodrigues, Roberta Maria Rangel, Eduardo Pellegrini de Arruda Alvim e Adacir Reis.

55. FICHTNER, José Antonio; MONTEIRO, André Luis. A CONFIDENCIALIDADE NA REFORMA DA LEI DE ARBITRAGEM. In: ROCHA, Caio Cesar Viera; SALOMÃO, Luis Felipe. Arbitragem e Medição: A Reforma da Legislação Brasileira. 2. ed. São Paulo: Atlas, 2017. Cap. 9. p. 159-190.

dado à confidencialidade na arbitragem, definição da natureza de sua fonte contratual, cooperação com o Poder Judiciário, foram incluídos dois parágrafos no artigo primeiro da Lei 9.307/96, dispondo que "a Administração Pública Direta e Indireta poderá utilizar-se da arbitragem para dirimir conflitos relativos a direitos patrimoniais disponíveis" e "a autoridade ou órgão competente da administração pública direta para celebração de convenção de arbitragem é a mesma para a realização de acordos ou transações".

Nesse capítulo pretendemos demonstrar os pressupostos e requisitos exigidos para que a Administração Pública em sentido subjetivo, formal ou orgânico que significa a máquina administrativa, ou seja, os entes que exercem a atividade administrativa, poderá efetiva e eficazmente fazer uso do sistema arbitral como meio de solução de controvérsias administrativas.

Rafael Oliveira em sua obra quanto a esse aspecto apresenta o seguinte conceito: são as pessoas jurídicas, os órgãos e os agentes públicos que exercem atividades administrativas (ex.: órgãos públicos, autarquias, empresas públicas, sociedades de economia mista e fundações estatais).[56]

Administração é todo o aparelhamento do Estado pré-ordenado à realização de serviços, visando à satisfação das necessidades coletivas. Não pratica atos de governo; pratica atos de execução, com maior ou menor autonomia funcional. Conforme a competência dos órgãos e de seus agentes, é o instrumental de que dispõe o Estado para colocar em prática as opções políticas do Governo.

André Chateaubriand Martins que foi membro da Comissão do Senado Federal revisora da Lei de Arbitragem aborda

56. OLIVEIRA, Rafael Carvalho Rezende. Curso de Direito Administrativo. 5. ed. Rio de Janeiro; São Paulo: Forense; Método, 2017.

que com a aprovação dos referidos dispositivos na LBA foi definitivamente superada a discussão sobre a possibilidade de utilização da arbitragem pela Administração Pública, voltando-se as discussões para a delimitação dos contornos da arbitragem envolvendo entidades públicas, que naturalmente, estão submetidas a maior controle da sociedade. Completa:

> A Administração Pública age, por vezes, em nome próprio, isto é, em seu interesse secundário e, por vezes, em nome da coletividade, em seu interesse primário. O interesse secundário é manifestamente instrumental e tem como finalidade permitir com que a Administração Pública cumpra com o objetivo de agir em nome e para o bem da coletividade. Em outras palavras, enquanto os interesses primários dizem respeito àqueles interesses que promovem e concretizam os valores eleitos pela sociedade como um todo – segurança, saúde, educação, transporte público, os secundários dizem respeito aos interesses patrimoniais do Estado e de suas entidades. Portanto, ainda que haja autorização legislativa para a Administração Pública optar pela via arbitral, será sempre necessário identificar caso a caso a natureza disponível do conflito. [57]

A arbitralidade pode ser analisada pelo aspecto objetivo, ou seja quais as matérias, sendo abordado a administração pública em seu critério objetivo, material e funcional administração pública, tendo como escopo a utilização da solução arbitral na atividade exercida, ou seja, a atividade administrativa. Enfatizando a natureza da atividade exercida pelos referidos entes.

---

57. MARTINS, André Chateaubriand. A ADMINISTRAÇÃO PÚBLICA NA REFORMA DA LEI DE ARBITRAGEM. In: ROCHA, Caio Cesar Viera; SALOMÃO, Luis Felipe. Arbitragem e Medição: A Reforma da Legislação Brasileira. 2. ed. São Paulo: Atlas, 2017. Cap. 2. p. 21-34.

André Chateaubriand Martins que foi membro da Comissão do Senado Federal revisora da Lei de Arbitragem aborda que com a aprovação dos referidos dispositivos na LBA foi definitivamente superada a discussão sobre a possibilidade de utilização da arbitragem pela Administração Pública, voltando-se as discussões para a delimitação dos contornos da arbitragem envolvendo entidades públicas, que naturalmente, estão submetidas a maior controle da sociedade.

Completa:

> A Administração Pública age, por vezes, em nome próprio, isto é, em seu interesse secundário e, por vezes, em nome da coletividade, em seu interesse primário. O interesse secundário é manifestamente instrumental e tem como finalidade permitir com que a Administração Pública cumpra com o objetivo de agir em nome e para o bem da coletividade. Em outras palavras, enquanto os interesses primários dizem respeito àqueles interesses que promovem e concretizam os valores eleitos pela sociedade como um todo – segurança, saúde, educação, transporte público, os secundários dizem respeito aos interesses patrimoniais do Estado e de suas entidades. Portanto, ainda que haja autorização legislativa para a Administração Pública optar pela via arbitral, será sempre necessário identificar caso a caso a natureza disponível do conflito. [58]

Administração Pública, de igual forma, pode ser conceituada como uma atividade neutra, normalmente vinculada à

58. MARTINS, André Chateaubriand. A ADMINISTRAÇÃO PÚBLICA NA REFORMA DA LEI DE ARBITRAGEM. In: ROCHA, Caio Cesar Viera; SALOMÃO, Luis Felipe. Arbitragem e Medição: A Reforma da Legislação Brasileira. 2. ed. São Paulo: Atlas, 2017. Cap. 2. p. 21-34.

lei ou à norma técnica, exercendo uma conduta hierarquizada, sem responsabilidade constitucional e política, mas com responsabilidade técnica e legal pela execução. Destarte, a Administração tem poder de decisão somente na área de suas atribuições e competência executiva, só podendo opinar sobre assuntos jurídicos, técnicos, financeiros ou de conveniência administrativa, sem qualquer faculdade de opção política.

Quanto aos requisitos subjetivos e objetivos da arbitragem, previstos no art. 1º da Lei nº 9.307/06, são denominados, respectivamente, de arbitralidade subjetiva (capacidade de contratar) e arbitralidade objetiva (litígios relativos a direitos patrimoniais disponíveis).[59] A arbitrabilidade subjetiva no direito brasileiro, se verifica no artigo primeiro da Lei 9.307/96, quando esta assim enuncia: "as pessoas capazes poderão valer-se da arbitragem para dirimir litígios relativos a direitos patrimoniais disponíveis", com a reforma este dispositivo passou a conter um parágrafo primeiro com a seguinte disposição: "A administração pública direita e indireta poderá utilizar-se da arbitragem para dirimir conflitos relativos a direitos patrimoniais disponíveis".

Nessa esteira, constatamos que para haver a utilização da Arbitragem, como método extrajudicial de solução de controvérsias pela Administração Pública deve estar presentes os seguintes elementos ou requisitos:

a) Capacidade de contratar;
b) Capacidade civil das partes (arbitralidade subjetiva);

---

59. HIGA, Alberto Shinji. Notas sobre o uso da arbitragem pela Administração Pública. *Revista Brasileira de Direito Público – RBDP*, Belo Horizonte, ano 13, n. 50, jul./set. 2015.

c) A matéria objeto do conflito deve versar sobre direitos patrimoniais disponíveis (arbitralidade objetiva);

d) Autorização legal;

e) Competência administrativa para celebração da convenção de arbitragem.

O primeiro requisito ou elemento para utilização da arbitragem é a capacidade de contratar, antes de adentrarmos ao tema propriamente dito, é importante tecer comentários a autonomia da vontade como elemento da liberdade contratual.

O jurista argentino Guilherme Borda sobre a temática salienta que o elemento "vontade" nos contratos apresenta feição que varia com o tempo. O seu poder jurígeno nem sempre foi visto como central dos contratos, ou seja, a vontade nem sempre foi preponderante para que existisse contrato. Em Roma, por exemplo, a vontade, por si só, não bastava – a obrigatoriedade dos contratos não dependia da pura vontade, senão da proteção de certos interesses legítimos, e conclui:

> Pero em Roma la voluntad nunca tuvo el papel soberano que más tarde adquiriria. No bastaba por ella misma; era indispensable el cumplimiento de las formas legales, la más importante y difundida de las cuales era la stipulatio. (...) no bastaba el mero acuerdo de voluntades sino que era necesario probar el cumplimiento de la prestación.[60]

A ideia da "pacta sund servanda" prevalecia como decorrência de ideais liberais insertos nas codificações. O contrato era obrigatório porque era querido. A vontade era a fonte das

60. BORDA, Guilherme A. Tratado de derecho civil: obligaciones. 8. ed. Buenos Aires: Perrot, 1998. p. 106.

obrigações contratuais – sem vontade, não havia obrigação e nem contrato. Como condição essencial para o funcionamento do sistema capitalista, adotou-se a concepção da máxima liberdade contratual.[61]

Na verdade, a autonomia privada, cuja liberdade contratual é a mais relevante manifestação, "é um processo de ordenação que faculta a livre constituição e modelação de relações jurídicas pelos sujeitos que nelas participam".[62]

A doutrina italiana capitaneada por Enzo Roppo salienta, com muita propriedade, que a autonomia e a liberdade dos sujeitos privados em relação à escolha do tipo contratual estão bem longe de serem tomadas como absolutas. Da mesma forma, a liberdade da própria iniciativa contratual, que também encontra limites que se concretizam na presença de verdadeiras e próprias obrigações de contratar. O que se dirá, então, da liberdade de contratar para a administração pública?[63]

Roberto Ruggiero transporta para o termo "contrato" uma concepção ampla, a qual, por vezes, pode não transmitir seu verdadeiro sentido. É que, para ele, "desde que se possam reduzir ao esquema abstrato e geral, todas as declarações bilaterais de vontade se tornam contrato". [64]

61. SOUSA, Guilherme Caarvalho e Sousa. A liberdade de contratar para a administração pública: a autonomia da vontade no contrato administrativo. RDA – Revista de Direito Administrativo, Belo Horizonte, v. 260, maio/ago. 2012.

62. RIBEIRO, Joaquim de Sousa. O Problema do Contrato – As Cláusulas Contratuais Gerais e o Princípio da Liberdade Contratual. Coimbra: Almedina, 1999.

63. ROPPO, Enzo. O contrato. Coimbra: Almedina, 1988. p. 137-138.

64. RUGGIERO, Roberto de. Instituições de direito civil: direito das obrigações, direito hereditário. Campinas: Bookseller, 1999. v. 3, p. 300.

Para Caio Tácito:

> O contrato é um negócio jurídico bilateral tradicionalmente regulado pelo direito privado. Como fonte de obrigações, repousa em certos princípios básicos como a autonomia da vontade, o consenso das partes e a força obrigatória. Em suma, o contrato pressupõe um acordo de vontades, livremente consentido que, uma vez formado, obriga as partes contratantes.[65]

Manoel de Oliveira Franco Sobrinho alerta que do exato conceito jurídico de contrato administrativo, atendidos os fatores de lei, vontade, formação e finalidade, depreende-se: a participação do Poder Público como elemento fundamental na atuação administrativa; a adesão do particular como elemento essencial no acordo declarado de vontades; o objeto na especialidade, impondo a finalidade do serviço a prestar.[66]

Sobre essa temática que a nosso ver geram reflexos sobre a arbitrabilidade dos conflitos administrativos, aduz Mauro Roberto Gomes de Mattos que não há possibilidade de o Direito Administrativo, como ciência jurídica, regular sozinho, sem aplicação subsidiária de outros ramos do direito, a atuação do Estado Político e Administrador, pois a grandiosidade e diversidade desta atuação não envereda somente para as hipóteses em que a Administração pode atuar por este ou

65. TÁCITO, Caio. Contratos administrativos. Revista de direito público, São Paulo, n. 18, p. 44, 1979.

66. FRANCO SOBRINHO, Manoel de Oliveira. Contratos administrativos. São Paulo: Saraiva, 1981. p. 9.

aquele regime de direito (privado ou público), necessitando de complementação estipulada pelo legislador.[67]

Nos termos da Lei Brasileira de Arbitragem, a capacidade de contratar, entendida como a aptidão para tornar-se sujeito de direito e deveres por meio de contratos, é condição sine qua non para utilização da arbitragem.[68]

Muito embora a Administração Pública disponha de instrumentos variados conferidos pelo ordenamento jurídico para satisfação de suas competências. Interessante a observação de Fernando Dias Menezes de Almeida:

> A evolução do Direito Administrativo em matéria contratual, registra numa primeira etapa, a ênfase na ideia de que o Estado não celebraria contrato, mas praticaria ato unilateral, após consentimento também unilateral, do particular contratado; depois, a variante de que o Estado, ao "contratar", praticaria um misto de ato unilateral (quanto as cláusulas regulamentares) e contrato privado (quanto as cláusulas financeiras); chegando-se à afirmação de uma espécie contratual – "contrato administrativo" – sujeita a um regime especial, de direito público, exorbitante do direito privado celebrados pela Administração Pública de todo modo, essa evolução levou à aceitação pacífica da noção de que o Estado celebra contratos.

A doutrina trabalha uma evolução no estudo do ato administrativo, que produz reflexos na arbitrabilidade subjetiva e objetiva dos conflitos envolvendo a Administração Pública,

---

67. GOMES DE MATTOS, Mauro Roberto. O contrato administrativo. Rio de Janeiro: América Jurídica, 2001. p. 2.
68. MAROLLA, Eugenia Cristina Cleto. A Arbitragem e os contratos da Administração Pública. Rio de Janeiro: Lumen Juris, 2016, p. 59.

quanto à funcionalidade se estuda a "perda de centralismo", uma alteração do caráter autoritário da atuação administrativa em prol de figuras consensuais.

Ao tratar das principais características do Direito Administrativo brasileiro clássico, fundado no modelo europeu continental, Odete Medauar assim dispôs:[69]

> "Embora abrigue figuras de inspiração anglo-saxônica, o núcleo central do Direito Administrativo pátrio, na sua formulação clássica, identifica-se ao resultante da sistematização ítalo-franco-germânica: submissão da Administração ao Direito; supremacia da Administração, preponderância do interesse público sobre o particular; personalidade jurídica do Estado e de outros entes; ato administrativo unilateral, auto-executório e imperativo; hierarquia; poder discricionário; direito subjetivo público; poder de polícia; contrato administrativo".

Assinala Vitor Rhein Schirato e Juliana Bonacorsi de Palma que no Direito Administrativo contemporâneo observa-se ascenção da consensualidade no exercício das atividades administrativas, fazendo a seguinte constatação:[70]

> A ascensão do Estado Democrático de Direito implica a valorização da figura do administrado nas relações envolvendo a Administração Pública. Assim, a democracia representativa já não se mostra suficiente à sociedade

69. MEDAUAR, Odete. *Direito administrativo em evolução.* 2.ed. São Paulo: Revista dos Tribunais, 2003, p. 64.

70. SCHIRATO, Vitor Rhein; PALMA, Juliana Bonacorsi de. Consenso e legalidade: vinculação da atividade administrativa consensual ao direito. Revista Brasileira de Direito Público – RBDP, Belo Horizonte, ano 7, n. 27, out./dez. 2009.

> mais amadurecida e ansiosa por participar da condução da máquina pública. Por sua vez, a sociedade moderna torna-se extremamente complexa, formada por múltiplos interesses públicos, ao passo que os resultados da atuação administrativa passam a ser objeto de controle social, i.e., não basta o mero exercício da função administrativa, este deve necessariamente ser eficiente.

Segundo a Professora de Direito Administrativo da Universidade de Bari na Itália Maria Teresa Paola Caputi Jambrenghi movimento pró-consenso atualmente verificável é apontado como decorrência de a celebração de acordos no âmbito da Administração Pública se coadunar com as demandas, cada vez mais incisivas, por celeridade no provimento administrativo, participação do administrado na tomada de decisões administrativas e eficiência quanto à conformação da atuação administrativa.[71]

A preocupação com a governança também pelo Direito (Administrativo) coloca em voga o tema da consensualidade, então visualizada como um instrumento de grande valia à eficácia na atuação administrativa, Diogo de Figueiredo Moreira Neto conceitua o princípio do consenso como[72]:

> "o primado da concertação sobre a imposição nas relações de poder entre sociedade e Estado". O consenso destina-se à promoção do pacto entre Administração Pública e admi-

71. JAMBRENGHI, Maria Teresa Paola Caputi. Note minime su beni comuni e funzione amministrativa. Constitutcionalismo.it: LE RIFORME IN UNA DEMOCRAZIA CONSTITUZIONALE, Roma, p.81-113, 2017. Disponível em: <http://www.costituzionalismo.it/download/Costituzionalismo_201701_614.pdf>. Acesso em: 02 jan. 2018.
72. MOREIRA NETO. Novos institutos consensuais da ação administrativa. Revista de Direito Administrativo, v. 231, p. 133.

> nistrado, neste abrangidos os acordos e os contratos. Pela sua própria essência, a celebração de pactos se contrapõe às ideias de imperatividade e unilateralidade sustentadas pelo Direito Administrativo clássico.

Conforme trabalhamos no primeiro capítulo é importante relembrar a análise da mudança de paradigma da atuação da Administração Pública, com a constante redução da dicotomia público/privado. Convergindo com o entendimento Almiro do Couto e Silva aduz[73] que cada vez mais, o Direito Público reveste-se de características dantes exclusivas do Direito Privado e cada vez mais o Direito Privado vem sendo influenciado e permeado por normas de caráter público.

Algumas das instituições mais tradicionais do Direito Administrativo passam a ser reformuladas, em processo de constante integração e uniformização com o regime que têm no Direito Privado. É o caso do contrato administrativo, cada vez mais aproximado aos contratos privados em alguns de seus aspectos. O dogma da existência de uma espécie de avença própria e exclusiva da Administração Pública passa a ser atenuado, entendendo-se mais e mais ser possível a adoção de instrumentos privados, tais como a negociação durante o processo de formação da avença (conforme permitido pela legislação da licitação na modalidade de pregão, por exemplo), nesse microssistema atual de soluções consensuais que faz parte do Princípio da Consensualidade pela Administração Pública arbitragem como mecanismo lícito de solução de disputas, insere-se dentro dessa revisitação privada do direito administrativo.

---

73. COUTO E SILVA, Almiro do. Princípios da legalidade da administração publica e da segurança jurídica no Estado de Direito contemporâneo. Revista de direito público, nº 84. São Paulo: Revista dos Tribunais, 1987.

Pela combinação dos artigos 3º e 19 da Lei Brasileira de Arbitragem constata-se que a instituição do Sistema Arbitral está condicionada à existência de convenção de arbitragem (gênero), que possui duas espécies: a) cláusula arbitral ou cláusula compromissória ou b) compromisso arbitral, e a aceitação pelo(s) árbitro(s) de sua nomeação.

Como bem observado por Ricardo Medina Salla no Direito Administrativo Brasileiro, não basta que a pessoa seja civilmente capaz para executar determinado ato. É necessário que ela seja também competente para exercê-lo. Dessa forma, se percebe que, ao se examinar questões de arbitrabilidade subjetiva envolvendo contratos administrativos, deve-se ir além da lei de arbitragem para avaliar se aquele que celebrou compromisso arbitral era capaz e competente para fazê-lo.[74]

Francis-Paul Bénoit entende que a competência de um agente administrativo é a capacidade para realizar certos atos jurídicos em nome de uma coletividade administrativa e sobre um território determinado. É uma capacidade para a prática de atos jurídicos, as atribuições levam à realização de operações materiais.

Robert Alexy apresenta uma concepção dogmático-analítica dos direitos subjetivos. Nesse modelo, direitos subjetivos são relações e posições jurídicas, não se confundindo com os enunciados sobre as razões para os direitos subjetivos, tampouco com a sua exigibilidade jurídica.[75]

---

74. SALLA, Ricardo Medina. Arbitragem e Administração Pública – Brasil, Paraguai e Uruguai. São Paulo: Quartier Latin, 2014.

75. Robert Alexy (Teoria dos Direitos Fundamentais, 2ª ed., 3ª tir., trad. de Virgílio Afonso da Silva, São Paulo, Malheiros Editores, 2014, pp. 190-191) faz essa afirmação após ter feito menção a uma série de posições doutrinárias sobre as classificações dos direitos subjetivos, como, por exemplo, as seguintes:

Para Alexy a competência é espécie de direito subjetivo, a qual existe tanto no direito privado como no direito público. É o que ocorre na celebração de um contrato ou de um casamento, bem como na edição de uma lei ou de um ato administrativo. Em tais casos ocorre a alteração de uma situação jurídica, a qual pode ser descrita de duas formas:

> "(...). Ela pode ser descrita como a criação de normas individuais ou gerais, as quais sem essa ação não seriam válidas; mas ela pode ser também descrita como alteração das posições jurídicas dos sujeitos de direito submetidos à norma".

Neste ponto, Alexy traz um elemento fundamental à caracterização da competência: esta representa sempre uma ação institucional, ou seja, uma ação que não pode ser realizada apenas em função de capacidades naturais; é necessário que existam normas que sejam constitutivas dessa ação.[76]

Conforme o autor, quem interpreta a conduta de duas pessoas como a celebração de um contrato ou o comportamento de um grupo de pessoas como um ato legislativo pressupõe normas jurídicas que tornam essas ações naturais ou sociais como atos jurídicos.

Essas normas são denominadas normas de competência. As normas de competência criam a possibilidade de atos jurídicos

---

"direitos patrimoniais absolutos e relativos, de um lado, e direitos formativos, de outro"; a proposta de Jellinek, que diferencia os "direitos de status negativo, positivo e ativo"; a distinção de Kelsen entre "direitos reflexos, direitos subjetivos em sentido técnico, permissões administrativas positivas, direitos políticos e direitos fundamentais e de liberdade".

76. ALEXY, Robert. Teoria dos Direitos Fundamentais. São Paulo: Malheiros. 2008. Tradução de: Virgílio Afonso da Silva. p. 240.

e, por meio deles, a capacidade de alterar posições jurídicas. As normas de conduta não criam alternativas de ação que, sem essas normas, seriam impossíveis; elas apenas qualificam ações, ao estabelecer obrigações, direitos a algo e liberdades.

Portanto, uma competência no sentido proposto por Alexy consiste na possibilidade de alterar situações jurídicas. Trata-se da posição jurídica criada por uma norma de competência, conforme explicam Sérgio Ferraz e Adilson Dallari seria[77]:

> O poder-dever de decidir o processo administrativo ou de praticar certos atos.

Dispensando um ataque ideológico contra a doutrina positivista, Dworkin estabeleceu uma distinção entre regras e princípios dizendo que ambas as espécies normativas se apartam pela natureza da orientação que oferecem. As regras são aplicáveis à maneira do "tudo-ou-nada", pois, dados os fatos concretos que uma regra prevê em seu texto, então, ou a regra é válida, e nesse caso a resposta que ela fornece deve ser aceita, ou não é válida, e nesse caso em nada contribui para a decisão. Os princípios, por outro lado, não apresentam consequências jurídicas a serem automaticamente aplicadas quando as condições fáticas concretas são dadas. Além disso, eles possuem uma dimensão de peso ou importância que as regras não têm.[78]

Ao analisar as lições de Dworkin, Rodolfo Luis Vigo ressalta a dificuldade experimentada na identificação dos princípios

---

77. FERRAZ, Sérgio; DALLARI, Adilson de Abreu. Processo administrativo. São Paulo: Malheiros, 2002. p. 110.
78. DWORKIN, Ronald. Levando os direitos a sério. 3. ed. Tradução de Nelson Boeira. São Paulo: Martins Fontes, 2002. p. 40-43.

decorrente do fato de que, diferente das regras, que se pautam numa decisão de um tribunal ou órgão legislativo, eles tomam por base um sentido de conveniência ou oportunidade que se desenvolve com o tempo, o que torna impossível a confecção de uma lista completa dos princípios com suas respectivas fórmulas canônicas.[79]

A utilização da Arbitragem pela Administração Pública exige a competência do agente administrativo, uma vez que a nosso ver era insere-se dentro do conceito de Poderes Administrativo, além de um direito a sua utilização passa a ser, também, um dever administrativo.

De acordo com Hely Lopes Meirelles:

> Os poderes administrativos são verdadeiros "instrumentos de trabalho, adequados à realização das tarefas administrativas", razão pela qual são considerados "poderes instrumentais".[80]

Maria Sylvia Zanella Di Pietro escreve que os poderes da Administração – que são poderes-deveres encerram prerrogativas de autoridade, que só podem ser exercidas nos limites da lei[81].

Pedro Gonçalves, ao tratar dos poderes públicos de autoridade (e o foco dele reside nos poderes administrativos), apresenta o seguinte conceito:

---

79. VIGO, Rodolfo Luis. Interpretação jurídica: do modelo juspositivista-legalista do século XIX às novas perspectivas. São Paulo: Revista dos Tribunais, 2005. p. 65.
80. MEIRELLES, Hely Lopes. Direito Administrativo Brasileiro. 40ª ed. São Paulo, Malheiros Editores, 2014., p. 130-131.
81. DI PIETRO, Maria Sylvia Zanella. Direito Administrativo. 25ª ed. São Paulo, Atlas, 2012. p. 90.

> "(...) o poder abstracto estabelecido por uma norma de direito público conferido a um sujeito para, por acto unilateral praticado no desempenho da função administrativa, editar regras jurídicas, provocar a produção de efeitos com repercussão imediata na esfera jurídica de terceiros, produzir declarações às quais a ordem jurídica reconhece uma força especial ou ainda empregar meios de coacção sobre pessoas ou coisas".[82]

Nessa esteira a pessoa física ou jurídica que assina o documento chancelando o compromisso arbitral deve ser civilmente capaz, isto é, habilitada pela norma civil a executar negócios jurídicos de forma irrestrita, tratando-se de pessoa jurídica integrante da Administração Pública, deverá expressamente estar dotada da competência administrativa, essa exigência a nosso ver, também, foi expressamente prevista pela reforma da lei brasileira de arbitragem, introduzida pela Lei 13.129/2015:

> "art. 1º § 2º A autoridade ou o órgão competente da administração pública direta para a celebração de convenção de arbitragem é a mesma para a realização de acordos ou transações."

Foi justamente pela ausência desse requisito da capacidade, ou seja, a incapacidade que o ordenamento jurídico da França e da Bélgica segundo Eugênia Cristina Cleto Marolla[83], citando Jacques Van Compernolle[84] aduz que:

---

82. GONÇALVES, Pedro. Entidades Privadas com Poderes Públicos: o Exercicio de Poderes Públicos de Autoridade por Entidades Privadas com Funções Administrativas. Coimbra, Livraria Almedina, 2005. p. 608.

83. MAROLLA, Eugenia Cristina Cleto. A Arbitragem e os contratos da Administração Pública. Rio de Janeiro: Lumen Juris, 2016, p. 38-39.

84. COMPERNOLLE, Jacques Van. L'arbitrage en droit public: réflexion conclusives. In: RENDERS, David; DEVOLVÉ, Pierre; TANQUEREL, Thierry. L'arbitrage em droit public. Bruxelas: Bruylant, 2010. P. 397-412. p. 401.

> "Tanto na França quanto na Bélgica, segundo Compernolle, centra-se no argumento da incapacidade das pessoas jurídicas de direito público recorrerem ao instituto. Esta compreensão está ligada à ideia segundo a qual a arbitragem só pode se dar, assim como ocorre na transação, em relação a objetos ou matérias sobre as quais as partes tenham livre disposição".

2.6. Requisitos da disponibilidade e patrimonialidadade no direito público

O requisito objetivo, também, denominado "ratione materiae" dizem respeito aos requisitos referente à matéria ou objeto que legalmente poderão ser levadas a resolução pela via arbitral.

Ele encontra-se capitaneado no artigo 1º da Lei Brasileira de Arbitragem, que estabelece que as pessoas capazes de contratar possam valer-se da arbitragem para dirimir litígios relativos a direitos patrimoniais disponíveis.

Ana Parestrelo de Oliveira identificou nos principais ordenamentos jurídicos os seguintes critérios: a) da disponibilidade dos direitos, nos ordenamentos suíço, acerca da arbitragem interna, italiano, espanhol e francês, neste conjugado com o critério da ordem pública; b) da patrimonialidade, na lei suíça de direito internacional privado e no código civil alemão, embora neste conjugado com o critério da disponibilidade do direito.[85]

Dois são os elementos ou pressupostos legais para que materialmente, possa haver a arbitralidade do conflito, a sua natureza deve ser patrimonial e disponível.

---

85. OLIVEIRA, Ana Perestrelo de. Arbitragem de litígios com entes públicos. Coimbra: Almedina, 2007, p. 32-33.

Sobre esse tema importante a observação de Eduardo Talamini e Diego Franzoni[86]:

> A diferença entre as duas hipóteses ora destacadas não reside propriamente na diversidade de acepções do vocábulo "(in)disponibilidade", considerado em si mesmo. Antes, ela concerne ao objeto sobre o qual recai a indisponibilidade em um caso e em outro. O termo "indisponibilidade" pode ser compreendido como impossibilidade de renúncia, abdicação, a uma posição jurídica. O atributo da indisponibilidade concerne ao direito à proteção judiciária. As partes envolvidas no conflito, notadamente aquela que não tem razão, abdicam a possibilidade de submeter o litígio ao Poder Judiciário. Aquele que não tem razão deixa de valer-se do direito à tutela da jurisdição estatal, e desde logo curva-se à razão do adversário. A renúncia, nesse caso, nada tem a ver com o direito material – que eventualmente nem sequer existe –, mas com a pretensão de tutela judicial.

Sobre esse entendimento, deve ser reconhecida a natureza de instituto de direito processual, a Administração Pública ao eleger a arbitragem, como método extrajudicial de solução de suas controvérsias não está dispondo do seu direito material, e sim renunciando à submissão da causa ao Judiciário para submetê-lo a esse método heterônomo privado, sem afetar o direito material.

A Administração Pública quando submete suas demandas ao Poder Judiciário, método heterônomo público, também, não está de plano renunciando o direito material, a matéria de fundo, como é o caso, também, da arbitragem será amplamente

86. TALAMINI, Eduardo; FRANZONI, Diego. Arbitragem e empresas estatais. Interesse Público – IP, Belo Horizonte, ano 19, n. 105, set./out. 2017.

debatida durante a instrução processual, onde o árbitro em sua decisão julgará a favor ou contrariamente ao Poder Público, sem que se conclua que houve uma renúncia do direito material, nesse sentido o que é disponível é a pretensão de tutela judicial e não o direito material.

A pretensão de tutela judicial não se confunde com a pretensão de direito material[87], que é o poder de exigir concretamente o cumprimento de um dever de cunho prestacional e está no plano substancial. Também é inconfundível com o direito genérico de acesso à Justiça, que é abstrato e totalmente incondicionado (mesmo quando o pedido não cumpre minimamente os pressupostos de admissibilidade, o jurisdicionado tem o direito de receber do juiz a decisão que não conheça de sua demanda). A pretensão de tutela judicial é submetida a pressupostos de admissibilidade e se refere a um bem de vida específico, em face do qual tais pressupostos são aferidos.[88]

Nesse sentido observa a doutrina portuguesa nas palavras de António Sampaio Caramelo[89]:

> "Não há, com efeito, qualquer analogia entre o contrato de transacção, em que as partes põem termo a um litígio mediante abandonos ou concessões recíprocas (o que implica que possam dispor dos direitos que daquela são

---

87. TALAMINI, Eduardo; FRANZONI, Diego. Arbitragem e empresas estatais. Interesse Público – IP, Belo Horizonte, ano 19, n. 105, set./out. 2017.
88. DINAMARCO, Cândido Rangel. Fundamentos do processo civil moderno. 3ª ed. São Paulo: Malheiros, 2000, n. 429 ("Tutela jurisdicional"), p. 820-823, vol. II; e LENT, Friedrich. Diritto processuale civile tedesco. (trad. Edoardo Ricci, da 9ª ed. alemã, de 1959). Nápoles: Morano, 1962, n. 36, p. 145-147.
89. CARAMELO, António Sampaio. Critérios de arbitrabilidade dos litígios. Revisitando o tema. Revista de Arbitragem e Mediação. n. 27. out./dez. 2010. p. 129-161.

> objecto), e a convenção de arbitragem, mediante a qual as partes confiam a um decisor independente e imparcial, por elas directa ou indirectamente escolhido, a resolução de um litígio existente entre elas, de acordo com o direito ou com a equidade. Igualmente nenhuma analogia se pode estabelecer entre a renúncia a um direito (ou a desistência dele em juízo) e a submissão a decisão por árbitro das controvérsias, actuais ou futuras, àquele respeitante".

Na convenção arbitral, os contratantes dispõem essencialmente sobre posições jurídico-processuais.[90] Em regra, eles podem optar por não provocar a jurisdição.

Assim, podem igualmente, de modo consensual, encontrar outro modo de solução para o conflito, que lhes pareça mais adequado às peculiaridades concretas da situação litigiosa. Com isso, estão exercitando sua liberdade, sua autonomia, mas não porque pretendam abrir mão de seu (possível) direito material – e sim porque desejam um modo de solução alternativo ao judicial.[91]

Pela convenção arbitral, as partes ajustam que não irão valer-se da via judicial para a solução de um conflito atual ou futuro relativo a determinado bem de vida ou conjunto de bens de vida. Optam por uma forma de tutela também heterônoma, escolhem outro caminho à solução estatal. Portanto, pactuam que não exercerão a pretensão de obter proteção jurisdicional estatal no que concerne àquele objeto disputado. É desse direito, processual, que dispõem.

---

90. TALAMINI, Eduardo; FRANZONI, Diego. Arbitragem e empresas estatais. Interesse Público – IP, Belo Horizonte, ano 19, n. 105, set./out. 2017.

91. CARAMELO, António Sampaio. Critérios de arbitrabilidade dos litígios. Revisitando o tema. Revista de Arbitragem e Mediação. n. 27. out./dez. 2010. p. 129-161.

No compromisso realiza-se uma disposição, ou melhor, uma peculiar modalidade de exercício do direito processual à tutela jurisdicional e uma particular expressão da legitimidade para agir em defesa de um direito próprio[92].

A Administração Pública pode pactuar a arbitragem – e, tendo-a pactuado, deve a ela submeter-se – sempre que a situação conflituosa for passível de solução que dispense a intervenção de um juiz estatal. Vale dizer: são arbitráveis todos aqueles casos em que, se constatasse que não tem razão, o Poder Público e seus entes descentralizados teriam o dever de desde logo curvar-se à razão do adversário – sem ter de esperar, para tanto, um comando judicial.[93]

Em Portugal a nova Lei de Arbitragem Voluntária – LAV ao dispor no seu art. 1º, n. 1, que qualquer litígio referente a interesses de natureza patrimonial pode ser resolvido pelas partes mediante convenção arbitral, desde que por lei especial não esteja submetido exclusivamente aos tribunais do Estado ou à arbitragem necessária. O nº 2 do mesmo artigo complementa a regra para estabelecer que é válida uma convenção de arbitragem relativa a litígios que não envolvam interesses de natureza patrimonial, desde que as partes possam celebrar transação sobre o direito controvertido.

A Lei 13.129/2015, expressamente autorizou a arbitrabilidade na dimensão subjetiva, dispõe o art. 1º da Lei nº 9.307/96 que a arbitragem, mecanismo privado de resolução de litígios admitido entre pessoas capazes de contratar para dirimir litígios relativos a direitos patrimoniais disponíveis.

---

92. BARLETTA, Antonino. La 'disponibilità' dei diritti nel processo di cognizione e nell'arbitrato. Rivista di diritto processuale, vol. 4, 2008, n. 5, p. 998.

93. TALAMINI, Eduardo; FRANZONI, Diego. Arbitragem e empresas estatais. Interesse Público – IP, Belo Horizonte, ano 19, n. 105, set./out. 2017.

Interessante à abordagem de Rafael Veras de Freitas, sobre essa temática:[94]

> A Lei nº 13.129, de 26 de maio de 2015, que alterou a Lei nº 9.307/1996 (Lei de Arbitragem), representou um avanço no tema da "Arbitragem na Administração Pública", sobretudo no que diz respeito à arbitrabilidade subjetiva. É que, nos últimos anos, os tribunais brasileiros vinham se manifestando no sentido de que esse instrumento de solução alternativa de controvérsia só poderia ser utilizado por entidades da Administração Indireta que ostentassem personalidade jurídica de direito.
>
> Porém, me parece que o novel diploma perdeu uma grande oportunidade de avançar no tema da arbitrabilidade objetiva, isto é, em estipular, pelo menos, uma lista exemplificativa de quais matérias poderão ser submetidas ao juízo arbitral quando se tratar de arbitragem que envolva o Poder Público. Essa aclaração seria salutar na medida em que a Lei nº 9.307/1996, em seu artigo 1º, se limitou a prever que poderão ser dirimidos, por meio desse procedimento, "litígios relativos a direitos patrimoniais disponíveis.

Nesse contexto, percebe-se a dúvida atual da doutrina e jurisprudência refere-se exatamente ao objeto da arbitragem desenvolvido pela Administração Pública, tendo em vista que a lei não minudencia quais são os temas ou matérias que estão autorizados a serem submetidos ao procedimento arbitral.

Não especificou o que seriam "direitos patrimoniais disponíveis". Até o presente momento, a temática vem sendo objeto

94. FREITAS, Rafael Véras de. Novos desafios da arbitrabilidade objetiva nas concessões. Disponível em: <http://www.editoraforum.com.br/wp-content/uploads/2016/04/Novos-desafios-da-arbitrabilidade.pdf>. Acesso em: 26 fev. 2018.

de aguda controvérsia doutrinária e jurisprudencial, sem que tenham sido estabelecidos critérios seguros delimitadores dessa matéria. No âmbito do Direito Privado, em regra, defende-se o entendimento segundo o qual "direitos patrimoniais disponíveis" seriam aqueles que não tenham por objeto "questões de estado, de direito pessoal de família e de outras que não tenham caráter estritamente patrimonial", nos termos do artigo 852 do Código Civil. Por outro lado, no âmbito do Direito Público, a doutrina jusadministrativista, ao longo dos anos, construiu o entendimento de que o interesse público primário (de toda a coletividade) não pode ser objeto de disposição por parte do Poder Público, ao passo que, distintamente, o interesse público secundário (relacionado, tão somente, com valores patrimoniais do Estado, referentes ao Erário) poderia ser objeto de formas alternativas de solução de conflitos.

Filiamos a corrente de Marçal Justen Filho onde o mesmo aduz que não vê problemas para o uso da arbitragem para além dos temas que são expressamente autorizados.

Sobre a generalização da arbitragem, interessante apresentar a experiência portuguesa, onde existe autorização legislativa introduzindo regime arbitral em Direito Fiscal, como forma extrajudicial de resolução de conflitos, o sistema lusitano trabalha a abertura da dimensão objetiva da arbitragem abarcando a totalidade dos litígios tributários.

Ana Mafalda Costa Francisco em obra apresentada no âmbito do 2º Ciclo de estudos em direito da Universidade Católica Portuguesa – Centro Regional do Porto, estudando o sistema de Portugal aponta que[95]:

95. FRANCISCO, Ana Mafalda Costa. A Arbitragem Tributária. 2012. 38 f. Tese (Doutorado) – Curso de Direito, Universidade Católica Portuguesa Centro

> Deparamo-nos com uma abertura à arbitragem particularmente ampla, pois a ela se pode recorrer para resolver a generalidade de litígios tributários. Aspecto que é de admirar depois de tudo o que foi referido quando se falou da possibilidade da introdução de um regime arbitral em matéria tributária.Esta amplitude também se depreende-se, desde logo, quando o n.º 2 do art.124.º, refere que "o processo arbitral tributário deve constituir um meio processual alternativo ao processo de impugnação judicial e à acção para o reconhecimento de um direito ou interesse legítimo em matéria tributária".

A legislação portuguesa, mais precisamente o Decreto Lei n.º 10/2011, tem por objetivo o cumprimento de três objetivos principais: a) tutela eficaz dos direitos e interesses legalmente protegidos dos sujeitos passivos; b) introduzir uma maior celeridade na resolução de litígios que opõem a administração tributária ao sujeito passivo e; c) reduzir a pendência de processos nos tribunais administrativos e fiscais.

Seguindo a experiência lusitana a tendência é que no Brasil, haja uma generalização da arbitragem, não havendo limites e/ou vedações para a utilização da arbitragem para além dos temas que são expressamente autorizados pela Lei 9.307/96 e legislações extravagantes esparsas.

Conforme trabalhamos nos primeiros capítulos a visão clássica da Administração Pública trabalhava a ideia que a ação administrativa sempre dependeria de uma autorização legal, nesse contexto a lei previamente determinaria o conteúdo da ação administrativa, ilustrando esse momento do pensamento

---

Regional do Porto, Porto, 2012. Disponível em: <https://repositorio.ucp.pt/bitstream/10400.14/11975/1/DISSERTAÇÃO_ARBITRAGEMTRIBUTÁRIA!.pdf>. Acesso em: 26 fev. 2018.

jurídico Seabra Fagundes trabalhava a noção de que administrar seria aplicar a lei de ofício.[96]

Atualmente o Supremo Tribunal Federal e a doutrina mais contemporânea, entendem que a ideia de vinculação absoluta não se faz mais presente, uma vez que é impossível ao legislador antever e pré-determinar por completo a atuação administrativa, assim entende-se que embora seja necessária uma autorização normativa para a ação administrativa, não é possível que a lei defina todos os campos e limites da atuação do Estado.[97]

Entende-se que a Administração Pública estaria vinculada ao direito como um todo e não apenas a lei em sentido formal, podendo, inclusive o ordenador de despesas, encontrar fundamento para a sua atuação diretamente na Constituição Federal, a ideia de constitucionalismo traz a ideia de que o gestor pode buscar fundamento direto na Carta Constitucional.

Transpondo para a noção do sistema extrajudicial de conflitos, interpretando racionalmente a constituição, seus valores, é plenamente possível obter um posicionamento de

---

96. FAGUNDES, Miguel Seabra, O Controle dos Atos Administrativos pelo Poder Judiciário. 5. ed. Forense, 1979, p. 4-5.

97. O STF no julgamento do RMS 24.699, da relatoria do ministro Eros Grau, lapidou o conceito de Miguel Seabra de Fagundes, de que administrar é aplicar a lei de ofício, é de ser visto sob nova perspectiva. Isso porque o art. 37 da Constituição Federal tornou o Direito maior do que a lei ao fazer da legalidade apenas um elo, o primeiro elo de uma corrente de juridicidade que ainda incorpora a publicidade, a impessoalidade, a moralidade, a eficiência. Ou seja, a lei é um dos conteúdos desse continente de que trata o art. 37. É dizer: o administrador deve aplicar a lei e, ainda, observar todos os princípios de que o Direito se constitui. Então, se tivéssemos que atualizar o conceito de Seabra Fagundes, adaptando-o à nova sistemática constitucional, diríamos o seguinte: administrar é aplicar o Direito de ofício, não só a lei.

que em decorrência da evolução da Administração Pública para o status conciliador e consensual amplia as possibilidades de utilização, como é o caso da arbitragem fiscal em Portugal.

2.7. Arbitragem administrativa e a jurisprudência dos Tribunais

O Poder Judiciário em casos concretos analisou sobre aspectos constitucionais e legais a possibilidade de a Administração Pública utilizar-se do Mecanismo Extrajudicial de Solução de Controvérsias da Arbitragem para solucionar suas controvérsias. [98]

O cabimento de arbitragem envolvendo a Administração Pública, onde também foi declarada a constitucionalidade da Lei Federal 9.307/96 foi reconhecido pelo Supremo Tribunal Federal na década de 1970, no "caso Laje". Nesse julgamento foi admitida a submissão da União Federal eleger o Sistema Arbitral em que se discutia a repercussão patrimonial de ato tipicamente estatal (indenização por desapropriação de imóvel).[99]

Constituindo o crédito obrigação de pequeno valor, será realizado o pagamento no prazo de 02 meses contado da en-

---

98. Vale registrar que Selma Maria Ferreira Lemes lança luzes sobre um precedente histórico do STF envolvendo o Estado de Minas Gerais que firmou contrato de arrendamento da estância hidromineral com o Engenheiro Américo Werneck. O Estado deixou de cumprir suas obrigações e o laudo arbitral foi favorável ao arrendatário (engenheiro). O caso foi levado ao STF que manteve o laudo arbitral. LEMES, Selma Maria Ferreira. Arbitragem na administração pública: fundamentos jurídicos e eficiência econômica. São Paulo: Quartier Latin, 2007, p. 69-70.
99. STF, Tribunal Pleno, AI 52.191/GB, j. 14.11.1973 (disponível também em Revista Trimestral de Jurisprudência, Brasília, vol. 68, p. 382).

trega da requisição, mediante depósito na agência de banco oficial mais próxima da residência do exequente.

Nos autos do Agravo de Instrumento nº. 52.181, de Relatoria do então Ministro Bilac Pinto, refere-se à controvérsia propriamente dita, em que se discutia o valor da indenização a ser paga pela União em vista da incorporação de bens particulares, isto é, não há contrato administrativo ou ainda conflito no bojo de avenças administrativas firmadas pela Administração, aspecto central do objeto de pesquisa ora investigado. Apesar de todas essas ressalvas, o caso revela-se importante por reconhecer a legalidade do juízo arbitral em causas envolvendo a Administração Pública e por ter sido proferido pelo órgão de cúpula do Poder Judiciário.

O Decreto-lei n. 4.648/1942 incorporou ao patrimônio nacional os bens e os direitos das empresas chamada "Organização Lage" (explorava navegação, portos) e do espólio de Henrique Lage, sob o fundamento de interesse da defesa nacional, em face do estado de guerra. Não houve consenso sobre o valor da indenização relativa ao patrimônio incorporado, razão pela qual as partes acordaram em resolver a questão via arbitragem, conforme proposta do Advogado do Espólio Levi Carneiro em audiência com o Presidente da República.

O Chefe de Governo ouviu o Consultor-Geral da República Themístocles Brandão Cavalcanti que apoiou a solução arbitral, a qual foi acolhida pelo Presidente da República Eurico Gaspar Dutra.[100]

---

100. PARADA, André Luis Nascimento. Arbitragem nos Contratos Administrativos: uma análise crítica aos obstáculos jurídicos normalmente suscitados para afastar a utilização da arbitragem como meio de solução de conflitos em contratos administrativos. 2014. 181 f. Tese (Doutorado) – Curso de Direito, Centro Universitário de Brasília, Brasília, 2014. Disponível em: <http://

Nesse contexto, foi expedido o Decreto-lei n. 9.521/1946 que definiu, entre outras medidas, que: a) a União pagaria um quantum justo a ser fixado pelo juízo arbitral; b) esse pagamento seria efetuado em apólices da Dívida Pública, com juros anuais de 5%; c) o julgamento arbitral ocorreria em única instância, não seria admissível recurso e a decisão seria executável independente de homologação; d) o juízo arbitral seria composto por três membros, um nomeado pelo Ministro da Fazenda, outro indicado pelo espólio e um dentre os Ministros do Supremo Tribunal Federal, em exercício ou aposentado.

Em 21 de janeiro de 1948, o juízo arbitral proferiu sentença, por votação unânime, decidindo que a indenização a ser paga pela União era de Cr$ 288.460.812,00. O Presidente da República enviou mensagens ao Congresso Nacional visando à abertura de créditos orçamentários para efetuar os pagamentos assentados pelo juízo arbitral. Os créditos foram aprovados na Câmara dos Deputados e em algumas comissões do Senado Federal.

Entretanto, sob o alicerce de parecer elaborado pelo Procurador-Geral da Fazenda Haroldo Renato Ascoli, que sustentava a inconstitucionalidade do juízo arbitral, foi enviada nova mensagem presidencial (novo governo)[101] ao Congresso com a solicitação de cancelamento das anteriores, o que ocasionou a rejeição da abertura de créditos orçamentários pelo Legislativo.

A questão foi judicializada. O magistrado de primeira instância julgou procedente a ação para o fim de que fosse paga

---

repositorio.uniceub.br/bitstream/235/8662/1/61001320.pdf>. Acesso em: 05 jan. 2018.

101. Essa Mensagem foi a de n. 463, de 14 de novembro de 1952, do Governo de Getúlio Vargas.

a indenização estabelecida no laudo arbitral.[102] A sentença foi confirmada em sede de Apelação pelo antigo Tribunal Federal de Recursos – TFR em exame exaustivo da matéria efetuado pelo Relator Ministro Godoy Ilha, com reforma parcial apenas para excluir a condenação em honorários advocatícios.

A questão finalmente chegou ao STF em 1955, por meio de recursos extraordinários e agravo de instrumento.[103] No Agravo, a União sustentou, em essência: a) a nulidade do juízo arbitral, pois não se poderia criar órgão judicante estranho à justiça ordinária e porque não se exclui da apreciação do Judiciário ofensa a direito; b) a incompatibilidade do Decreto-lei n. 9.521/1946 com a Constituição de 1946; c) a insubsistência da cláusula de irrecorribilidade do laudo arbitral.[104]

O Relator do Agravo no STF, Ministro Bilac Pinto, como base na argumentação veiculada no voto do Ministro Godoy de Ilha (Relator do feito no TFR), refutou as alegações da União trazidas ao conhecimento do Pretório Excelso, em substância, da seguinte forma:

> a) na carta de 1937, então vigente ao tempo da expedição do Decreto-lei n. 9.521/1946, não existia vedação,

---

102. Foram fixados ainda juros, custas e honorários advocatícios, este de 10% sobre o valor da condenação.

103. O iter processual completo (como a oposição de embargos de declaração e infringentes) e as especificidades do que continha cada recurso (inclusive os extraordinários) parecem não ser relevante ao presente trabalho, portanto receberão maior atenção as questões veiculadas no agravo de instrumento. Consta na parte inicial do voto de outro Ministro, o Ministro Rodrigues Alckmin, um resumo sobre o caminho processual do feito até desembocar no STF. Disponível em:<http://redir.stf.jus.br/paginadorpub/paginador.jsp?docTP=AC&docID=22084>, acesso em 15.11.2017.

104. Algumas outras questões de somenos importância para esta análise foram suscitadas, como: nulidade da sentença arbitral, em face da negativa de créditos orçamentários, e a ilegalidade da condena ção em juros de mora.

> expressa ou implícita, à instituição de um juízo arbitral, o que igualmente ocorria com a Constituição de 1946; b) não é possível a interdição ao juízo arbitral mesmo nas causas contra a Fazenda, o que importaria em uma restrição à autonomia contratual do Estado que, como toda pessoa sui juris, pode prevenir o litígio pela via transacional, não se podendo recusar esse direito pelo menos na sua relação de natureza contratual, dela excluídas aquelas em que o Estado age como Poder Público que não podem ser objeto de transação; a hipótese para qual se instituiu o Decreto-lei n. 9.521/1946 entra na primeira categoria; c) a instituição do juízo arbitral não importou em constituir foro privilegiado tampouco tribunal de exceção, basta atentar para natureza consensual do tribunal arbitral que decorre de criação contratual, nascida de compromisso entre as partes, apesar de regulada em lei especial.

A decisão da Suprema Corte decidindo sobre indenização decorrente de incorporação de bens particulares pela União com todas as peculiaridades que o permeiam já havia autorizado a Administração Pública utilizar a via arbitral para solução de conflitos administrativos.

O Tribunal de Justiça do Rio Grande do Sul, no Caso AES Uruguaiana x Companhia Estadual de Energia Elétrica do Rio Grande do Sul – CEEE, não admitiu a arbitragem.[105] Para sustentar sua decisão, a relatora do processo se baseou no art.5º, XXXV, da Constituição Federal, que afirma que nenhuma lei pode excluir da apreciação do Judiciário qualquer lesão ou ameaça a direito. Com isso, negou que o art.

105. TJRS, j.14 nov. 2002, AI 70003866258, Relª. Desª. Teresinha de Oliveira Silva.

267[106], VII do Código de Processo Civil de 1967, vigente à época pudesse afastar a tutela jurisdicional. Baseou-se na cláusula compromissória no contrato original entre as partes que determinava que as controvérsias fossem dirimidas pelas partes e, caso não houvesse consenso, poderia ser instaurado um juízo arbitral, Devido à sua redação, não foi essa cláusula tida como obrigatória. O caso chegou ao Superior Tribunal de Justiça, que reverteu à decisão.[107]

No âmbito do Tribunal da Cidadania, o Superior Tribunal de Justiça teve reiteradas decisões afirmando o cabimento da arbitragem para a solução de litígios da Administração Pública. Conforme salientam Eduardo Talamini e Diego Franzoni todas as decisões lá proferidas sobre a matéria são concordes nesse sentido.[108]

STJ, por sua vez, extinguiu por unanimidade o processo instaurado pela Companhia Estadual de Energia Elétrica do Rio Grande do Sul contra a empresa AES Uruguaiana – usina termelétrica a gás natural do Rio Grande do Sul, sem julgamento de mérito. O entendimento cunhado pela corte foi o de que a vontade manifestada pelas partes de submeter a controvérsia ao juízo arbitral não pode ser afastada unilateralmente e, assim, deve ser mantida. No que tange à possibilidade de a sociedade de economia mista celebrar contrato contendo cláusula compromissória, reputou-se ser válida a cláusula e dispensável a

106. CPC/67, art. 267, inciso VII: "Extingue-se o processo, sem julgamento do mérito: VII- pela convenção de arbitragem".

107. STJ, 2ª Turma, REsp 612.439/RS, j. 25.10.2005; STJ, 2ª Turma, REsp 606.345/RS, j. 17.05.2007.

108. TALAMINI, Eduardo; FRANZONI, Diego. Arbitragem e empresas estatais. Interesse Público – IP, Belo Horizonte, ano 19, n. 105, set./out. 2017.

necessidade de autorização do Poder Legislativo estadual para que se possa realizar tal procedimento.[109]

De acordo com o Ministro Relator João Otávio Noronha:

> "O juízo arbitral, havendo suposto litígio, não poderá ser afastado unilateralmente, de forma que não poderá apenas uma das partes contratantes impor seu veto ao procedimento arbitral. Com efeito, ante a existência de cláusula compromissória, permite-se à parte interessada em resolver eventual litígio tomar a iniciativa para a instauração da arbitragem, ficando a outra, uma vez efetuado o pedido, obrigada a aceitá-la, de modo que não há possibilidade de a parte discordante optar entre a jurisdição estatal e o procedimento arbitral".

No Tribunal de Justiça do Estado do Paraná, no caso envolvendo a COPEL x UEG Araucária, não foi à arbitragem admitida, inicialmente. Na primeira instância, uma liminar em antecipação de tutela ordenou a abstenção da prática de atos relacionados à continuidade do procedimento de arbitragem.[110] Não obstante, em medida cautelar inominada, decidiu-se pela suspensão de tal ordem. [111] Diferentemente ocorreu nos Casos Compagás x Carioca Passarelli[112] e Energética Rio Pedrinho x Copel[113], nos quais se admitiu a arbitragem desde o início.

---

109. STJ, DJU 14 set. 2006, REsp 612.345/RS, Rel. Min. João Otávio Noronha.
110. Liminar em antecipação de tutela, Juíza Josély Dittrich Ribas, em 3 jun. 03.
111. TJPR, DO 1º jul. 2004, MCI 160.213-7/PA, Rel. Des. Ruy Fernando de Oliveira.
112. TJPR, DO 20 fev. 2004, AC 247.646-0/PA, Rel. Juiz Lauro Laertes de Oliveira.
113. TJPR, DO 30 set. 2005, AI 0169656-8/PA, Rel. Juiz Fernando César Zeni.

Carmen Tiburcio em comentários sobre a jurisprudência[114] aduz que na controvérsia entre a Companhia de Gás e o consórcio, vários argumentos foram dados pelo tribunal a favor da arbitragem. Primeiramente, a constitucionalidade e legalidade da arbitragem no Brasil. Além disso, o fato de economias mistas serem reguladas pelo direito privado, nada impedindo a solução de seus conflitos por via arbitral.

O Tribunal entendeu que nos casos que não envolvam direitos indisponíveis ou interesse público, ou seja, que tratam apenas de questões econômicas e versam sobre direitos disponíveis, podem adotar a arbitragem29. Já no segundo processo, de forma semelhante, estabeleceu-se que a comercialização de energia elétrica é direito disponível, de acordo com o art. 4º, §§ 5º e 7º da lei 10.848/04, não sendo necessária a suspensão do processo de arbitragem.[115]

Nesse sentido o Superior Tribunal de Justiça, tem confirmado a tendência favor arbitratis como orientação jurisprudencial e doutrinária o cabimento da arbitragem envolvendo a Administração Pública, vez que admitiu que sociedade de economia mista pode se submeter à arbitragem no que toca os seus direitos disponíveis. Em um recurso especial, a 2ª Turma declarou:

> "São válidos e eficazes os contratos firmados pelas sociedades de economia mista exploradoras de atividade econômica de produção ou comercialização de bens ou de prestação

114. TIBURCIO, Carmen. A Arbitragem envolvendo a Administração Pública. Disponível em: <http://www.revistadireito.uerj.br/artigos/AARBITRAGEMDENVOLVENDOAADMINISTRACAOPUBLICA.pdf>. Acesso em: 04 jan. 2018.

115. TJPR, DO 1º jul. 2004, MCI 160.213-7/PA, Rel. Des. Ruy Fernando de Oliveira.

de serviços(CF, art.173, § 1º) que estipulem cláusula compromissória submetendo à arbitragem eventuais litígios decorrentes do ajuste".[116]

No "caso TMC", outros dois pronunciamentos unânimes no mesmo sentido foram proferidos pela 1ª Seção[117] e todas as demais questões correlatas foram decididas de modo favorável ao processo arbitral.[118]

Aliás, o caso "Compagás" já havia propiciado importante precedente da justiça estadual paranaense.[119] E ainda antes, o TJDF, em acórdão relatado pela depois Ministra do Superior Tribunal de Justiça Nancy Andrighi, brilhante e por uma importante decisão afirmou o cabimento da arbitragem para dirimir divergências contratuais administrativas de cunho econômico, mesmo sem haver específica lei autorizadora.[120]

---

116. STJ, DJU 14 set. 2006, REsp 612.439/RS, Rel. Min. João Otávio Noronha.
117. STJ, 1ª Seção, MS-AgRg 11.308/DF, j. 28.06.2006; STJ, 1ª Seção, MS 11.308/DF, j. 09.04.2008.
118. STJ, 3ª Turma, REsp 904.813/PR, j. 20.10.2011. Além da própria arbitrabilidade objetiva do litígio: (a) reconheceu-se a validade de compromisso arbitral, posterior ao contrato administrativo, instituidor de arbitragem ad hoc; (b) afirmou-se a suficiência de previsão genérica no compromisso que remetia à arbitragem todas as questões controvertidas pendentes entre as partes; (c) censurou-se severamente a Administração Pública por voltar-se contra a admissibilidade de arbitragem cuja convenção arbitral ela mesma propôs à parte adversária.
119. TAPR, 7ª Câmara Cível, AC 247.646-0, j. 11.02.2004.
120. TJDFT, Conselho Especial, MS 0003066-90.1998.807.0000, j. 18.05.1999 (disponível também em Revista de Direito Bancário, do Mercado de Capitais e da Arbitragem, São Paulo, vol. 8, 2000.

3

DA RELEITURA CONSTITUCIONAL DO PRINCÍPIO DA SUPREMACIA DO INTERESSE PÚBLICO E OS IMPACTOS DA ARBITRAGEM NA ORGANIZAÇÃO DA ADMINISTRAÇÃO PÚBLICA

3.1. Releitura constitucional da Supremacia do Interesse Público

Tido por grande parte dos autores como um dos valores mais relevantes da sociedade, a ideia de supremacia do interesse público proclama a superioridade do interesse da coletividade, firmando a prevalência dele sobre o particular, como condição, até mesmo da sobrevivência deste último. Isso significa que o Poder Público se encontra em situação de autoridade, de comando, relativamente aos particulares, como indispensável condição para gerir os interesses públicos postos em conformidade. Daí a justificar toda a plêiade de poderes e prerrogativas estatais, os quais não são compartilhados pelos particulares. Tamanha é a relevância desse princípio na doutrina de Celso Antônio Bandeira de Mello que o elege como elemento primordial do regime jurídico-administrativo, constituindo a própria base do direito administrativo.

Celso Antônio Bandeira de Mello[1] leciona que ao pensar em interesse público, pensa-se, habitualmente, em uma categoria contraposta à de interesse privado, individual, isto é, ao interesse pessoal de cada um. Aduz que resulta da caracterização normativa de determinados interesses como pertinentes à sociedade e não aos particulares considerados em sua individuada singularidade, traduzindo-se, assim, em pedra angular do Direito Administrativo, conjuntamente com a Indisponibilidade desse mesmo Interesse Público. Contra ela se posicionaram, entre outros, Maria Sylvia Zanella Di Pietro,[2] Lúcia Valle Figueiredo,[3] José dos Santos Carvalho Filho,[4] Romeu Felipe Bacellar Filho.[5]

Segundo Cláudio Penedo Madureira são das mais diversas ordens os argumentos que justificam a refutação, por esses au-

---

1. BANDEIRA DE MELLO, Celso Antônio. A noção jurídica de 'interesse público'. In: BANDEIRA DE MELLO, Celso Antônio. Grandes temas de direito administrativo. São Paulo: Malheiros, 2010.
2. DI PIETRO, Maria Sylvia Zanella. O princípio da supremacia do interesse público: sobrevivência diante dos ideais do neoliberalismo. In: BACELLAR FILHO, Romeu Felipe; HACHEM, Daniel Wunder (Coord.). Direito administrativo e interesse público: estudos em homenagem ao Professor Celso Antônio Bandeira de Mello. Belo Horizonte: Fórum, 2010.
3. FIGUEIREDO, Lúcia Valle. Curso de direito administrativo. São Paulo: Malheiros, 2004.
4. FILHO, José dos Santos Carvalho. Manual de direito administrativo. 28. ed. São Paulo: Atlas, 2015. Revista, ampliada e atualizada até 31.12.2014.
5. BACELLAR FILHO, Romeu Felipe; HACHEM, Daniel Wunder (Coord.). Direito administrativo e interesse público: estudos em homenagem ao Professor Celso Antônio Bandeira de Mello. Belo Horizonte: Fórum, 2010.

tores, da doutrina que propõe o abandono, ou a desconstrução, do princípio da supremacia do interesse público sobre o privado. Mas é nota comum nas suas manifestações a afirmação de que o princípio da supremacia do interesse público sobre o privado não se contrapõe à realização de direitos subjetivos individuais, sobretudo daqueles qualificados como direitos fundamentais, constituindo, pelo contrário, importante instrumento para a sua concretização no mundo fenomênico.

Floriano de Azevedo Marques Neto demonstrou a inviabilidade da noção hodierna de interesse público como um conceito universal, absoluto, singular. Segundo ele, os principais motivos dessa mudança de paradigma são (i) a crise da noção de soberania do Estado, que teve de se conformar com a afirmação de organismos internacionais, compartilhando seu poder político, e (ii) a ruptura da dicotomia público-privada, verificada pela clivagem social que denota o caráter cada vez mais heterogêneo da sociedade.[6] Indo na mesma linha, Jacques Chevalier defende que a noção de interesse geral, a base da legitimidade estatal da modernidade, perdeu sua força justamente por ter deixado de ser monopólio do Estado.

O que se quer dizer, em verdade, é que a homogeneidade do corpo social, típica de um período liberal, se adequa a uma noção de monopólio político-legislativo estatal na definição do interesse público, ou seja, que a própria noção de interesse público como algo único e delimitável ex ante somente faz sentido num determinado período histórico da humanidade. Os processos evolutivos verificados nas sociedades contemporâneas, resultado da luta social e do contexto político, levaram e continuam constantemente levando a um notório aumento

6. MARQUES NETO, Floriano de Azevedo. Regulação estatal e interesses públicos. São Paulo: Malheiros, 2002.

da complexidade das relações sociais, fazendo emergir diversos interesses próprios e legítimos de cada parcela da sociedade.[7]

Gustavo Zagrebelsky, salienta que a noção de Estado pluralista e democrático, composto de valores e interesses legítimos e heterogêneos, titularizados por forças políticas e sociais variadas dentro do mesmo corpo social. E a função mais elementar das constituições modernas é justamente a de unificar tais valores, não logicamente escolhendo determinados interesses como os mais válidos, mas, ao contrário, abarcando e consagrando todos.[8]

Incorporando a temática arbitral, percebe-se que analisando o ordenamento jurídico como um todo, como um sistema, afastando-se essa noção isolada e utilitarista de que "um sempre deverá ceder ao todo", que a nosso ver é nitidamente perversa na tutela do direito das minorias, partindo da premissa do atual cenário de hipertrofia, lentidão, excesso de despesas com pessoal, corrupção e crise moral na Administração Pública, a adoção de um sistema extrajudicial comprovadamente célere, flexível do ponto de vista procedimental, mesmo sendo privado em muitos casos será a medida mais satisfatória para a satisfação dos interesses universais da coletividade.

Nesse sentido, Gustavo Binenbojm apresenta que deve haver uma justa medida da prevalência do interesse público sem que haja a remoção total do interesse privado. Afirma o autor que o referido princípio, porquanto determine a preferência absoluta ao interesse público diante de um caso de colisão com qualquer que seja o interesse privado, independente das

7. CUNHA, Carlos Eduardo Bergamini. Discricionariedade administrativa e interesses públicos: superando a supremacia em busca da ponderação. Fórum Administrativo – FA, Belo Horizonte, ano 11, n. 122, p. 9-21, abr. 2011.
8. ZAGREBELSKY, Gustavo. El derecho dúctil: ley, derechos, justicia. 8. ed. Madrid: Trotta, 2008.

variações presentes no caso concreto, termina por suprir os espaços para ponderações.[9]

Segundo Habermas na Teoria Discursiva do Direito e da Democracia tem o propósito de calibrar a legalidade e a legitimidade, recebe o nome de facticidade e validade: a primeira é o rótulo reservado à aptidão de o Direito se impor coercivamente; a segunda designa a correspondência da facticidade aos anseios sociais, precipuamente daqueles que são destinatários diretos das normas coercitivas.[10]

Segundo Renato de Abreu Barcelos, deve ser analisado o perfil, ainda que sinteticamente, do paradigma do Estado Democrático de Direito, lastreado não só na legalidade apanágio dos paradigmas jurídicos pretéritos, mas também na legitimidade, deve-se, neste momento, investigar por que se dá a profanação do interesse público no âmbito de nossa realidade jus-política atual.[11]

O Estado Democrático de Direito não compactua com a sacralização do interesse público, entendida como sua supremacia absoluta em detrimento de outros interesses, precipuamente o interesse privado. Na verdade, o interesse público, no paradigma atual, passa por um processo de profanação, o que significa dizer que ele pode ser contestado, debatido, questionado.

---

9. BINENBOJM, Gustavo. Uma teoria do direito administrativo: direitos fundamentais, democracia e constitucionalização. 2. ed. Rio de Janeiro: Renovar, 2008.

10. HABERMAS, Jürgen. Direito e democracia: entre facticidade e validade. Tradução de Flávio Beno Siebeneichler. 2. ed. Rio de Janeiro: Tempo Brasileiro, 2003. v. 2.

11. BARCELOS, Renato de Abreu. A profanação do interesse público no Estado Democrático de Direito: por um modelo procedimental de solução das colisões entre interesses públicos e interesses privados. Fórum Administrativo – FA, Belo Horizonte, ano 12, n. 136, p. 61-74, jun. 2012.

O interesse público, nesse diapasão, despe-se da sua embriagante metafísica do poder; desce de seu pedestal para se encontrar com o ordenamento jurídico, integrando-se a este. Por conseguinte, torna-se impróprio propalar de uma supremacia inequívoca do interesse público sobre qualquer outro interesse, inclusive o privado. O processo de profanação significa o processo de legitimação.

Como já salientamos a chegada do Estado Democrático de Direito ensejou uma distinção, razoavelmente clara, entre regras e princípios, graças principalmente aos seminais trabalhos de Ronald Dworkin e Robert Alexy.

Na teoria de Dworkin, as regras são analisadas no padrão do tudo ou nada: ou a regra é válida ou não o é; não existe meio-termo. Já os princípios ostentam uma dimensão de peso ou importância: num determinado caso controverso, um princípio pode incidir e outro não, mas isso não leva, inexoravelmente, à sua invalidade.[12]

Já para Alexy, as regras são determinações: o que elas prescrevem deve ser inexoravelmente cumprido. Assim, se são válidas, devem ser atendidas; do contrário, não. Os princípios, por seu turno, são mandamentos de otimização: eles podem ser cumpridos em graus distintos, podem se otimizados, o que significa dizer que a força normativa de um princípio pode impor-se em maior extensão em relação à força normativa de outro princípio.[13]

---

12. DWORKIN, Ronald. Levando os direitos a sério. Tradução de Nelson Boeira. 2. ed. São Paulo: Martins Fontes, 2007.
13. ALEXY, Robert. Teoria dos direitos fundamentais. Tradução de Virgílio Afonso da Silva. São Paulo: Malheiros, 2008.

Interessente é o posicionamento de Renato de Abreu Barcelo, enfatizando que desses dois blocos intelectivos sobre a distinção entre regras e princípios já se pode notar a falácia que é um princípio da supremacia do interesse público sobre o privado. Se fosse, deveras, um princípio, a supremacia do interesse público deveria levar em conta a força do interesse privado ou, para ficar com Alexy, o interesse público deveria ser otimizado com o interesse privado. Não há, portanto, supremacia.[14]

Não havendo como a lei definir o interesse público *ex ante*, confere-se mecanismos (discricionariedade) para que a Administração Pública defina *ex post* o interesse público, dentro de um universo de interesses públicos legítimos. Daí a impossibilidade de se falar hoje em dia em supremacia do interesse público sobre o particular, justamente porque não é a titularidade do interesse, se público ou privado, que deve nortear a decisão da Administração. Vários são os interesses legítimos envolvidos na tomada de decisão do Poder Público, muitos deles titularizados pelos próprios particulares, o que denota seu dever de mediador ativo de interesses, como ressalta Floriano de Azevedo Marques Neto.[15] Atender a um interesse privado pode, como de fato muitas vezes é, um legítimo interesse público.

Como já trabalhamos inicialmente, quando do estudo da modernização do direito administrativo, atualmente não há uma

---

14. BARCELOS, Renato de Abreu. A profanação do interesse público no Estado Democrático de Direito: por um modelo procedimental de solução das colisões entre interesses públicos e interesses privados. Fórum Administrativo – FA, Belo Horizonte, ano 12, n. 136, p. 61-74, jun. 2012.
15. MARQUES NETO, Floriano de Azevedo. Regulação estatal e interesses públicos. São Paulo: Malheiros, 2002.

noção rígida da dicotomia público x privada, pauta-se de uma leitura globalizada do ordenamento jurídico, a complexidade da sociedade, denominada pelo sociólogo e filosofo polonês Zygmunt Bauman como "sociedade líquido-moderna".

Bauman explica que, assim como os líquidos não mantêm a sua forma permanentemente e se adaptam ao recipiente, o mundo líquido moderno muda numa velocidade impressionante. Segurar os líquidos com as mãos torna-se uma tarefa árdua, pois os mesmos escorrem com grande facilidade, escapando ao nosso controle.[16]

Interesse público e interesse privado não são, como afirmam os defensores do princípio da supremacia do interesse público sobre o interesse privado, continuadamente antagônicos, adversários. Na realidade, interesse público e interesse privado complementam-se um ao outro,[17] no sentido de que é de interesse público também a salvaguarda do interesse privado e que do interesse privado projeta-se o interesse público. À concepção de oposição surge a ideia de imbricação: a realização de um interesse perpassa, fatalmente, pela realização do outro.

Nessa lógica percebe-se que o conceito de interesse público não necessariamente se opõe ao interesse privado. A aproximação entre o Estado e a sociedade demonstra bem isso, notadamente quando se verifica que a atuação do Poder Público deve ser pautada pela defesa e promoção dos direitos fundamentais.

---

16. BAUMAN, Zygmunt. Modernidade líquida. Rio de Janeiro: Jorge Zahar Ed., 2001. Comunidade: a busca por segurança no mundo atual. Rio de Janeiro: Jorge Zahar Ed., 2003.
17. HABERMAS, Jürgen. O discurso filosófico da modernidade: doze lições. Tradução de Luiz Sérgio Repa e Rodnei Nascimento. São Paulo: Martins Fontes, 2000.

No quadro do Estado Democrático de Direito, os conflitos entre interesses públicos e interesses privados devem ser resolvidos procedimentalmente, com a participação de todos os interessados. A solução, portanto, não pode dar-se pelo subjetivismo do administrador, mas dialogicamente, através de argumentos e pontos de vista trazidos por todos aqueles envolvidos no contexto. Somente assim a legitimidade da decisão pode florescer.[18]

Para Habermas os direitos fundamentais ao serem levados a sério em seu sentido deontológico, não caem sob uma análise dos custos e vantagens. Isso também para normas "abertas", não referidas a casos exemplares facilmente identificáveis – como é o caso dos programas condicionais – e formuladas sem um sentido específico de aplicação, necessitando de uma "concretização" metodicamente inofensiva. Tais normas encontram-se a sua determinação clara num discurso de aplicação. No caso de colidirem com outras prescrições jurídicas, não há necessidade de uma decisão para saber em que medida valores concorrentes são realizados. Como foi mostrado, a tarefa consiste, ao invés disso, em encontrar, entre as normas aplicáveis prima facie aquela que se adapta melhor à situação de aplicação descrita de modo possivelmente exaustivo e sob todos os pontos de vista relevantes.[19]

A arbitragem, mesmo sendo um instituto tipicamente privado em várias e não poucas hipóteses é medida que nitida-

18. BARCELOS, Renato de Abreu. A profanação do interesse público no Estado Democrático de Direito: por um modelo procedimental de solução das colisões entre interesses públicos e interesses privados. Fórum Administrativo – FA, Belo Horizonte, ano 12, n. 136, p. 61-74, jun. 2012.

19. HABERMAS, Jürgen. Direito e democracia: entre facticidade e validade. Tradução de Flávio Beno Siebeneichler. 2. ed. Rio de Janeiro: Tempo Brasileiro, 2010. v. 1.

mente atendera o interesse público, se houver uma comparação entre a sua utilização e o sistema estatal público monopolizado pelo Poder Judiciário, o interesse público deve ser definido por um processo de ponderação entre os interesses envolvidos e os individuais existentes.

Assim, o procedimento discursivo-comunicativo canaliza vários argumentos: uns pregando pela preponderância, naquele caso específico, do interesse público; outros sustentando a prioridade do interesse privado. O debate leva ao consenso e o consenso à norma de decisão mais adequada para o caso concreto – interesse público ou interesse privado. A participação de todos os interessados proporciona, além da indicação da norma de decisão adequada ao caso, a legitimidade ínsita ao Estado Democrático de Direito. A norma de decisão adequada é legítima porque foi construída dialogicamente pelos parceiros do Direito, e não unilateralmente por parte do administrador público.

Nessa esteira partindo dessas premissas e correntes acima apresentadas, percebe-se que não existe um interesse público único, estático e abstrato, mais sim finalidades públicas normativamente elencadas que não estão necessariamente em confronto com os interesses privados, seria mais adequado falar-se em princípio da finalidade pública em vez do tradicional "princípio da supremacia do interesse público".

3.2. Arbitragem e Administração Pública Direta

O Estado goza de autonomia política para executar as suas atividades da melhor forma que lhe aprouver, desde que respeitados os ditames constitucionais, ou seja, quando a Constituição Federal determina o exercício de uma função administrativa ao Estado, incumbe a ele prestá-la direta ou indiretamente através de interpostas pessoas.

Isso inclui a possibilidade de o Estado transferir aos particulares a execução de certas atividades que lhe são próprias ou criar pessoas jurídicas com personalidade jurídica própria (seja de direito público ou privado) para executá-las.

Nesse sentido, em linhas gerais, quando o Estado desempenha diretamente uma atividade, fala-se em centralização. E o Estado o faz mediante a estruturação da Administração em órgãos públicos, que são centros de competência administrativa despersonalizados.

Nas palavras de Dirley da Cunha Júnior[20]:

> A Administração Direta ou Centralizada é aquela constituída a partir de um conjunto de órgãos públicos, através do qual o Estado desempenha diretamente a atividade administrativa. Aqui, é a própria pessoa estatal (União, Estados-membros, Distrito Federal e Municípios) que executa diretamente a atividade administrativa. Para tanto, vale-se dos órgãos públicos.

Transportando para a temática arbitral, quando a própria pessoa estatal, União, Estados-membros, Distrito Federal e Municípios utiliza do sistema arbitral, será a Administração Direta, que de forma centralizada convencionará e escolherá a arbitragem como mecanismo extrajudicial de solução de controvérsias.

A Pessoa Política da República Federativa do Brasil ao contrário do que possa parecer tem singular tradição no campo da arbitragem. Várias foram às questões em que o Ente Político Nacional que em nosso sistema é representado pela

20. CUNHA JÚNIOR, Dirley da Curso de direito administrativo. 6. ed. Salvador: JusPodivm, 2007, p. 131.

União Federal, utilizou-se do sistema arbitral para resoluções de controvérsias de interesse nacional. Questões de fronteira com a Argentina e a Guiana Britânica foram resolvidas por laudos arbitrais[21] nos anos de 1900 e 1904.

O instituto da arbitragem utilizado no âmbito do comércio internacional não é recente e, no decorrer dos séculos XIX e XX, sua utilização foi intensa, em virtude do grande desenvolvimento do comércio internacional e da ampliação da relação entre os países desenvolvidos e em desenvolvimento.[22]

A controvertida disputa com a Bolívia pelo território do Acre foi solucionada por arbitragem em 1900. As reclamações mútuas com o Peru por problemas originados em Alto Juruá e Alto Purus foram satisfatoriamente encerradas por arbitragem em 1910.

Pendências com os Estados Unidos por indenizações resultantes do naufrágio do barco americano "Canadá", nas costas brasileiras, e com a Suécia e a Noruega pelo abalroamento de um barco restaram resolvidas por laudo arbitral, sem maiores dificuldades, nos idos de 1870.

Do mesmo modo, eminentes brasileiros integraram painéis arbitrais constituídos para pôr termo a questões de grande relevância internacional, como foi o caso do Visconde de Itajubá, que apreciou e julgou conflitos ocorridos nos Estados Unidos durante a Guerra de Secessão (caso Alabama).[23]

---

21. Após edição da Lei Federal 9.307/96 denomina-se sentença arbitral o resultado da atuação dos árbitros, uma vez que não dependem de homologação pelo Poder Judiciário.
22. SKITNEVSKY, Karin Hlavnicka. Arbitrabilidade nos contratos com a Administração Pública. 2008. 126 f. Dissertação (Mestrado) – Curso de Direito, Pontifícia Universidade Católica de São Paulo PUC-SP, São Paulo, 2008.
23. MARTINS, Pedro A. Batista. A Arbitragem no Brasil. 2017. Disponível em: <http://batistamartins.com/arbitragem-no-brasil-2/>. Acesso em: 03 jan. 2018.

Assim, preenchidos os pressupostos legais é plenamente possível que as pessoas jurídicas de direito público se utilizem do sistema arbitral para solução de suas controvérsias, devendo ser salientado que com a edição da lei federal 13.129/2015 há referência expressa à Administração Pública na redação reformada da Lei de Arbitragem, estabelecendo de forma expressa o requisito subjetivo autorizando a utilização da arbitragem para dirimir conflitos sobre direitos patrimoniais disponíveis.

Interessante o raciocínio de Lauro Gama e Souza Júnior, que partindo da premissa de que a legalidade administrativa manifesta a ideia de vinculação do administrador público à jurisdicidade constitucional, expressão que reitera a centralidade dos princípios, dos sistemas de valores e interesses constitucionais no direito brasileiro, defende que a arbitragem concretiza um novo direito fundamental, consistente na razoável duração do processo e aos meios que garantam a celeridade de sua tramitação, identificado no inciso LXXVIII do artigo 5º da Constituição Federal.[24]

Interessante a abordagem da Procuradora do Estado de São Paulo Eugênia Cristina Marolla, onde a questão da arbitrabilidade subjetiva deveria ser analisada com base no dever de proporcionalidade e nos princípios implícitos consagrados no texto constitucional.[25]

A Secretaria do Tesouro Nacional (STN) é um órgão da Administração Pública Direta, integrante do organograma do

---

24. SOUZA JUNIOR, Lauro da Gama e. Sinal verde para a arbitragem nas Parcerias Público-Privadas: (A construção de um novo paradigma para os contratos entre o Estado e o investidor privado). Revista Brasileira de Arbitragem, Porto Alegre, n. 8, p.12-25, dez. 2005.

25. MAROLLA, Eugenia Cristina Cleto. A Arbitragem e os contratos da Administração Pública. Rio de Janeiro: Lumen Juris, 2016. p. 66-67.

Ministério da Fazenda do Brasil, o Tesouro Nacional pode realizar operações de crédito obtidos no exterior, contratar créditos em moeda estrangeira, sendo que o Decreto-Lei 1.312, de 15 de fevereiro de 1974, em seu artigo 11 aduz a possibilidade desses contratos serem resolvidos e avaliados pela via arbitral:

> Art. 11. O Tesouro Nacional contratando diretamente ou por intermédio de agente financeiro poderá aceitar as cláusulas e condições usuais nas operações com organismos financiadores internacionais, sendo válido o compromisso geral e antecipado de dirimir por arbitramento todas as dúvidas e controvérsias derivadas dos respectivos contratos.

Portanto, desde 1974, era expressamente permitido a arbitrabilidade subjetiva da Administração Pública Direta da União Federal, quando envolvesse empréstimos internacionais.

3.3. Órgãos Públicos e a convenção de arbitragem

Órgãos, não possuem personalidade jurídica autônoma, são partes integrantes da Administração Direta da União, Estados-membros, Municípios e Distrito Federal, e suas atuações são atos do próprio Ente Federativo em cuja estrutura estão integrados.

Dessa forma, não convencionam diretamente o Mecanismo Extrajudicial de Solução de Controvérsias quem celebrará é a pessoa jurídica de direito público ou privado, nos termos do art. 41 do Código Civil Brasileiro.

É tradicional a visão propedêutica do órgão público como uma unidade administrativa formada por um conjunto de atribuições e competências, integrante da estrutura de uma pessoa jurídica. Isto é, o órgão público é uma parte do corpo de uma pessoa jurídica, apresentando-se como um feixe de atribuições, por meio do qual essa pessoa jurídica age e realiza o seu querer e os seus atos.[26]

Hely Lopes Meirelles[27] conceitua o órgão público como:

> Centro de competência instituído para o desempenho de funções estatais, através de seus agentes, cuja atuação é imputada à pessoa jurídica a que pertencem.

No mesmo sentido, porém com a erudição que lhe é peculiar, Celso Antônio Bandeira de Mello[28] apresenta o órgão público como "unidades abstratas que sintetizam os vários círculos de atribuições do Estado". Segundo afirmação acertada de Celso Antônio, os órgãos públicos não passam de "simples repartições de atribuições, nada mais".

O conceito e a natureza do órgão público entre nós nada mais é do que a aplicação no direito administrativo da Teoria do Órgão, por meio da qual Otto von Gierke procurou explicar a manifestação da vontade da pessoa jurídica por meio de seus agentes. Insatisfeito com as teorias do Mandato e da Representação, que não conseguiram explicar este fenômeno, Otto von Gierke propôs a ideia de que a pessoa jurídica, sendo uma realidade técnica e não dispondo de vontade psíquica, necessita objetivamente do concurso de uma pessoa física para manifestação de sua vontade. Dessa forma, a pessoa jurídica se subdivide em unidades internas com atribuições específicas –

---

26. CAMPOS, Gabriel. Capacidade processual ou judiciária de órgãos públicos. *Fórum de Contratação e Gestão Pública – FCGP*, Belo Horizonte, ano 10, n. 118, out. 2011.
27. MEIRELLES, Hely Lopes. Direito administrativo brasileiro. 30. ed. São Paulo: Malheiros, 2005. p. 64.
28. MELLO, Celso Antônio Bandeira de. Curso de direito administrativo. 18. ed. São Paulo: Malheiros, 2005. p. 130.

órgãos – onde estão os agentes – pessoas físicas. Dessa forma, a ação do agente no órgão é imputada diretamente à pessoa jurídica em cuja estrutura o órgão está integrado como parte viva de seu corpo, de modo que o querer e o agir do agente são o querer e o agir da pessoa jurídica.[29]

Conforme exposto, os órgãos públicos não são pessoas jurídicas, e sim partes de uma pessoa, ou ainda, mera distribuição interna das atribuições de uma pessoa jurídica. Nesse sentido, ausente a personalidade, isto é, a capacidade de ser titular de direitos e deveres na ordem jurídica, não pode o órgão público submeter-se diretamente ao juízo arbitral.

Apesar do entendimento acima exposto a Lei Mineira de Arbitragem, Lei Estadual nº 19477, de 12 de janeiro de 2011, inova no ordenamento jurídico pátrio e expressamente autoriza em seu artigo 2º que os órgãos públicos estatuais, façam jus diretamente do procedimento arbitral, como mecanismo extrajudicial de solução de suas controvérsias:

> Art. 2º O Estado e os órgãos e as entidades das administrações estaduais direta e indireta poderão optar pela adoção do juízo arbitral para a solução dos conflitos relativos a direito patrimonial disponível.

3.4. Arbitragem e Administração Pública Indireta

O setor governo é composto pela administração direta e indireta; nesta última, as entidades são criadas pelo querer legal

29. GIERKE, Otto von. Political Theories of the Middle Age. Tradução de Frederic William Maitland do original Die Publicistischen Lehren des Mittelalters. Cambridge: University Press, 1951. p. 129.

da primeira, daí surgindo as autarquias, fundações, empresas públicas, sociedades de economia mista e consórcios públicos.

Tais entes descentralizados são orientados uns, pelo direito público (autarquias; certas fundações e consórcios públicos); outros, pelo direito privado (empresas estatais; algumas fundações e consórcios públicos).

Segundo o Decreto-lei nº 200, de 1967, as pessoas jurídicas da administração indireta têm em comum os seguintes traços: a) Criação mediante lei específica (art. 37, XIX, da CF) e, por simetria, extinção também autorizada por diploma legal; b) Identidade jurídica autônoma, o que lhes confere específicos direitos e obrigações; c) Receitas próprias para aplicação nas finalidades determinadas na lei instituidora; d) Patrimônio próprio; e) Sujeição ao controle do Tribunal de Contas e do Ministério Público.

As Entidades da Administração Indireta possuem capacidade e personalidade jurídica própria, distinta da Pessoa Jurídica que as instituiu ou autorizou a sua instituição, consequentemente poderão celebrar pessoalmente seus contratos e submeter suas controvérsias à arbitragem, pois, possuem capacidade e competência para formalizar as convenções, podendo optar pela via arbitral, excluindo da via judiciária a apreciação, devido à delegação da decisão a um Árbitro ou Câmara Arbitral.

Referente às Autarquias, incorporado dos Estados Unidos da América, no nosso ordenamento jurídico existem as agências reguladoras, que nada mais são que entidades de direito público de natureza autárquica que desenvolvem atividades tipicamente estatais.

Como bem observado pelo Ministro do Superior Tribunal de Justiça João Otávio de Noronha a rigor, poderiam ser opostas a tais entes as mesmas objeções e as mesmas soluções dadas para se admitir ou não a possibilidade de existir arbitragem nos contratos firmados pelo Poder Público.[30]

As leis instituidoras dessas Entidades da Administração Indireta em regime especial dispõem sobre a autorização para que litígios decorrentes das relações jurídicas estabelecidas entre os participantes das atividades por eles reguladas sejam resolvidos mediante a utilização do mecanismo da arbitragem.

Em 13 de janeiro de 2011 foi publicada no Diário Oficial do Estado de Minas Gerais a Lei Estadual 19.477/2011, que dispõe sobre a adoção do juízo arbitral para a solução de litígios em que o Estado de Minas Gerais seja parte.

Segundo Paulo Osternack Amaral a natureza das regras contidas na Lei 19.477/2011 evidencia que o seu desrespeito somente repercutirá na esfera administrativa, isto é, no âmbito interno do Estado. Completa que:

> Portanto, o único efeito prático decorrente da infringência de tais regras será a apuração da responsabilidade do agente público que violou a determinação legal a que estava vinculado.[31]

O que não pode ser afastado é o caráter vanguardista e inovador da Lei do Estado de Minas Gerais, que antes mesmo da reforma da Lei de Arbitragem pela Lei Federal nº 12.129/2015, já expressamente autorizava que a Administração

30. NORONHA, João Otávio de. Arbitragem nos setores regulados. Fórum Administrativo – FA, Belo Horizonte, ano 11, n. 129, p. 9-13, nov. 2011.

31. AMARAL, Paulo Osternack. Arbitragem e Administração Pública: Aspectos processuais, medidas de urgência e instrumentos. Belo Horizonte: Fórum, 2012.

Direta, os Órgãos e a Administração Indireta do Estado do Minas Gerais utilizassem diretamente do procedimento arbitral, como mecanismo extrajudicial de solução de suas controvérsias:

> Art. 2º O **Estado e os órgãos** e as entidades das administrações estaduais direta e indireta poderão optar pela adoção do juízo arbitral para a solução dos conflitos relativos a direito patrimonial disponível.

3.5. Arbitrabilidade e as empresas estatais

A atuação do Estado perante a economia é um dos temas mais polêmicos e debatidos ao longo dos tempos. Dentre as várias questões que são discutidas, talvez uma das mais candentes e cercada de controvérsias resida na atuação do Estado na economia por meio das empresas estatais.

As primeiras sociedades estatais com fins econômicos remontam às companhias holandesas e portuguesas da época da Coroa, séculos XV e XVI, cujo objetivo era exportar mercadorias para o mercado europeu e, com isso, captar receita para o cofre real.

Desde então as empresas estatais se proliferaram por todo o território nacional, cresceram extraordinariamente em tamanho e quantidade e encontram-se inseridas nos mais diversos segmentos econômicos, que vão desde setores estratégicos, como petróleo, até setores preponderantemente ocupados pela iniciativa privada, como o bancário. [32]

32. BARROSO, Luís Roberto. Regime jurídico das empresas estatais. Revista de Direito Administrativo, Rio de Janeiro, v. 242, p. 85-93, out./dez. 2005. p. 85.

Transportando para a seara arbitral que é o foco do presente estudo insta salientar que foi pelo intermédio das empresas estatais em que a Administração Pública Indireta modernamente foi expressamente autorizada a utilizar da arbitragem para solução dos litígios.

Segundo Douglass North, empresas são organizações econômicas "constituídas por grupos de indivíduos unidos por um objetivo comum para atingir certos objetivos". São criadas para tirar proveito das oportunidades propiciadas pela matriz institucional[33] de uma sociedade.[34] Ou seja, constituem uma estrutura estável para a interação humana, diminuindo custos transacionais,[35] e, com isso, propiciando um ambiente mais eficiente para transações econômicas nos mercados econômicos.

A terminologia Empresas Estatais, é o gênero que em síntese possuem duas espécies as Empresas Públicas e as Sociedades de Economia Mista, nesse diapasão o estatuto geral das empresas estatais a Lei Federal nº 13.303/2016 veicula expressa previsão do cabimento da arbitragem como mecanismo extrajudicial para solução de conflitos. Tal permissivo legal encontra-se na redação do art. 12, parágrafo único:

33. Matriz institucional pode ser definida como o conjunto de restrições formais (regras, leis, constitucionais) e informais (normas de comportamento, convenções, código de conduta), que definem a estrutura de incentivos das sociedades e, especificamente, das economias.

34. DUARTE JÚNIOR, Ricardo César Ferreira. A legitimidade do Estado Regulador brasileiro: uma análise democrática. A&C – Revista de Direito Administrativo & Constitucional, Belo Horizonte, ano 11, n. 43, p. 135-166, jan./mar. 2011.

35. COASE, Ronald. O problema do custo social. The Latin American and Caribbean Journal of Legal Studies, v. 3, n. 1, Article 9, 2008.

> "A sociedade de economia mista poderá solucionar, mediante arbitragem, as divergências entre acionistas e a sociedade, ou entre acionistas controladores e acionistas minoritários, nos termos previstos em seu estatuto social".

Interessante à abordagem de Eduardo Talamini e Diego Franzoni[36], enfatizando que:

> Antes da Lei das Estatais, o uso da arbitragem para solução de litígios nas sociedades em geral já era plenamente autorizado pelo ordenamento jurídico. Para as sociedades anônimas, cujo regramento geral sempre se aplicou às sociedades de economia mista (Lei 6.404/1976, art. 235), havia a autorização expressa para o uso da arbitragem interna no §3º do art. 109 da Lei 6.404/1976 – dispositivo em todo semelhante ao art. 12, parágrafo único, da Lei das Estatais. No caso de outras sociedades contratuais, reguladas no Código Civil, entendia-se cabível o uso da arbitragem societária por força da própria Lei de Arbitragem, desde que cumpridos os requisitos gerais nela previstos (convenção de arbitragem, arbitrabilidade, etc.).

As empresas estatais podem ter duas finalidades: a) prestar um serviço público; b) explorar ou intervir no domínio econômico, nesse último caso podem fazer jus exaustivamente da arbitragem, uma vez que como braço do Estado que participa ativamente do mercado econômico, em condições de igualdade não poderão ter mais privilégios tão pouco restrições que os demais agentes econômicos.

Verifica-se que a Lei Federal nº 13.303/2016, em seu artigo 12, parágrafo único possui caráter ratificador, atendendo a exigência de parte da doutrina e jurisprudência, no sentido

36. TALAMINI, Eduardo; FRANZONI, Diego. Arbitragem e empresas estatais. Interesse Público – IP, Belo Horizonte, ano 19, n. 105, set./out. 2017.

de que para atender o princípio da legalidade o gestor e/ou ordenador de despesas só poderá fazer o que a lei expressamente autorizar e permitir e como a Constituição Federal no artigo 173, introduzido pela Emenda Constitucional nº 19/1998 trouxe a previsão de que as Empresas Públicas e Sociedades de Economia Mista teria um estatuto disciplinador do regime jurídico dessas entidades, esse modernamente fez previsão da arbitragem como mecanismo extrajudicial de solução de controvérsias no bojo das empresas estatais.

3.6. Escolha da Câmara e dos Árbitros pelo Poder Público

Como visto, na arbitragem, os litígios são resolvidos por árbitros indicados pelas partes, de modo que o procedimento arbitral pode ser administrado por uma instituição também eleita pelas partes em disputa.

Quando a Administração Pública está envolvida no litígio surgem, contudo, diversos questionamentos a respeito de tais indicações.[37] Como ocorre a indicação dos árbitros e da Câmara? Seria necessária a licitação?

Em relação à indicação da câmara arbitral, não há que se falar, igualmente, em contratação de serviços, uma vez que a Câmara não presta qualquer tipo de serviço às partes, servindo apenas como um "instrumento de apoio" para a arbitragem. Nesse sentido, sustenta Marçal Justen Filho[38]:

---

37. FITCHNER, José Antonio. A confidencialidade no projeto da nova lei de arbitragem – PLS nº 406/2013. In: ROCHA, Caio Cesar Vieira; SALOMÃO, Luis Felipe (Coords.). Arbitragem e mediação: a reforma da legislação brasileira. São Paulo: Atlas, 2015.

38. "Art. 25. É inexigível a licitação quando houver inviabilidade de competição, em especial: (...)II – para a contratação de serviços técnicos enumerados no

> Todos os problemas essenciais permanecem existindo, na hipótese de uma "contratação" com a câmara de arbitragem. Em primeiro lugar, o vínculo jurídico é estabelecido em igualdade de condições entre a câmara e as duas partes. Em segundo lugar, a câmara não se obriga a prestar serviço algum às partes. Em terceiro lugar, a câmara não recebe o pagamento de um preço. Em quarto lugar, a câmara não se subordina a qualquer prerrogativa ou poder jurídico contratual da Administração. Em quinto lugar, a câmara nem mesmo se obriga a "fornecer árbitros". Em sexto lugar, há um vínculo jurídico direto entre os árbitros e as partes, que é insuprimível.
>
> Como visto, a câmara é um instrumento de apoio para o desempenho da função da arbitragem. Não desempenha em nome próprio nenhuma atividade de resolução de litígio. A arbitragem é a atuação fundamental e principal, que é desenvolvida em nome próprio e diretamente pelos árbitros.

A indicação do número de árbitros e a forma de indicação deles estabelecem desde logo as pessoas que decidirão o conflito. A relevância dessa matéria repousa na celeridade para a instituição do procedimento arbitral, vez que a inexistência de elementos suficientes sobre a forma de indicação dos árbitros pode significar o retorno da autonomia da vontade das partes para a jurisdição estatal, para que seja "completada" a vontade delas.[39]

A atividade desempenhada pelas câmaras arbitrais e pelos árbitros é prestação de serviço, pois envolve precipuamente

art. 13 desta Lei, de natureza singular, com profissionais ou empresas de notória especialização, vedada a inexigibilidade para serviços de publicidade e divulgação" [grifos próprios].

39. Nesse sentido, os artigos 6º e 7º da Lei preveem a hipótese de retorno das partes para o juízo estatal, seja na hipótese de resistência de uma das partes em lavrar o compromisso arbitral, seja na hipótese de resistência de uma das partes na instituição da arbitragem quando se tratar de cláusula compromissória.

uma obrigação de fazer. No caso das câmaras a obrigação consiste em administrar as arbitragens de acordo com as regras e regulamentos próprios, definindo, no que não for expressamente afastado pelas partes, o procedimento a ser seguido pelos envolvidos para solução da controvérsia. Já os árbitros possuem a obrigação de dizer o direito, solucionando o conflito de interesses que lhes é submetido.[40]

De acordo com o artigo 13, §1º da Lei nº 9.307, de 23 de setembro de 1996, as partes devem indicar os árbitros sempre em número ímpar. Normalmente, estabelece-se uma sistemática de um árbitro indicado por cada parte e o terceiro árbitro indicado pelos dois árbitros antecessores,[41] mas as partes poderão convencionar outra forma de nomeação dos árbitros, desde que respeitada a composição do tribunal arbitral em número ímpar.[42]

Alguns autores sustentam que a escolha de um árbitro para resolver conflitos envolvendo a Administração Pública seria motivada por interesses privados,[43] de modo que a Admi-

---

40. MAROLLA, Eugenia Cristina Cleto. A Arbitragem e os contratos da Administração Pública. Rio de Janeiro: Lumen Juris, 2016.

41. Como exemplo dessa sistemática, são os Regulamentos de Arbitragem da Câmara de Comércio Internacional e da Câmara de Comércio Brasil Canadá, respectivamente disponíveis em: <http://www.iscet.pt/sites/default/files/observaRAL/Regulamento%20de%20arbitragem%202012%20CCI_vers%C3%A3o%20portuguesa.pdf>; <http://ccbc.org.br/arbitragem.asp?subcategoria=regulamento%20portugues>.

42. Palhuca, Gabriela Silvério. Desafios na redação da cláusula compromissória pelo Poder Público: uma análise das cláusulas compromissórias dos contratos de parcerias público-privadas celebrados pelo Estado de São Paulo. Revista Brasileira de Infraestrutura – RBINF, Belo Horizonte, ano 4, n. 8, jul./dez. 2015.

43. Cf. MARTINS, Ricardo Marcondes. Arbitragem e Administração Pública: Contribuição para o Sepultamento do Tema. In: Revista Trimestral de Direito Público, Belo Horizonte, v. 54, p. 206, 2011.

nistração Pública, ao indicar um árbitro, estaria colocando interesses privados acima do interesse público, violando, assim, o princípio da impessoalidade.

Para Marina Martins Martes a escolha de um árbitro pela Administração Pública levará em conta o conhecimento, a expertise e as demais atribuições pessoais (como idoneidade, renome e dedicação) do árbitro. O árbitro escolhido não será, portanto, o que atenderá a interesses pessoais de uma das partes, mas, sim, o que terá a melhor qualificação para julgar aquele caso específico.[44]

Marçal Justen Filho entende que a indicação dos árbitros consiste em um ato administrativo discricionário,[45] uma vez que a Administração Pública escolherá, dentro de uma pluralidade de decisões legítimas, qual o árbitro mais bem qualificado para o julgamento daquele caso. Aduz que como qualquer ato administrativo, a indicação dos árbitros deve ser dotada de motivação, ou seja, ainda que o processo licitatório seja inexigível neste caso, os árbitros devem ser indicados com as devidas formalidades e justificativas.

Para Carmona a autorização para que o Poder Público se utilize da arbitragem, como contratante desse método de

44. MARTES, Marina Martins. Arbitragem e Administração Pública: a compatibilidade, os limites e o procedimento arbitral envolvendo o Poder Público. Revista Brasileira de Estudos da Função Pública – RBEFP, Belo Horizonte, ano 5, n. 15, p. 213-245, set./dez. 2016.

45. JUSTEN FILHO, Marçal. Administração Pública e Arbitragem: o vínculo com a Câmara de Arbitragem e os Árbitros. In: Revista Brasileira de Advocacia – RBA, sem. 1/2016. Disponível em: <http://www.fiepr.org.br/para-empresas/camara-de-arbitragem/uploadAddress/Marcal_Justen_Filho_-_Escolha_de_Instituicoes_e_Arbitros_e_a_Lei_de_Licitacoes[68835].pdf>. Acesso em: 07 maio 2016.

solução de conflito, é a mesma autorização que detém para a celebração de contratos ordinários:[46]

> Estado pode contratar na órbita privada, a consequência natural é de que pode também firmar um compromisso arbitral para decidir os litígios que possam decorrer da contratação.

Por definição normativa do artigo 37, XXI da Constituição Federal, o Poder Público deverá, em regra, obedecer ao procedimento específico de contratações públicas, que é o procedimento da licitação, fortemente regulamentado pela Lei nº 8.666, de 21 de junho de 1993, como norma geral das contratações, só podendo afastá-lo ou nas hipóteses de inexigibilidade de licitação ou nas hipóteses de dispensa de licitação. A questão é: como compatibilizar as regras que orientam o Poder Público nas suas contratações, primeiro, com a definição da arbitragem *ad hoc* ou institucional, e, segundo, em sendo a arbitragem institucional, com todas as regras da licitação? Estaria o Poder Público vinculado à abertura de licitação para a contratação ou diretamente com os árbitros ou com a instituição arbitral.

Em princípio, seria possível pensar na necessidade de instauração de procedimento licitatório para a seleção de câmara arbitral ou para contratação dos árbitros que atuarão na solução dos conflitos indicados previamente pelas partes.

Como aduz a Procuradora do Estado de São Paulo Eugênia Cristina Cleto Marolla a seleção seria possível em tese, dada a pluralidade de sujeitos que poderiam realizar a

46. CARMONA, Carlos Alberto. Arbitragem e Processo: um comentário à Lei nº 9.307/96. 3ª edição. São Paulo: Atlas, 2009.

atividade pretendida, atuando como árbitros ou câmaras. A confiança depositada na câmara ou nos árbitros em razão de sus atributos individuais, notadamente sua especialização e qualificação técnica, é elemento crucial para a escolha. Uma das finalidades da arbitragem é a obtenção de decisões mais técnicas, de forma que o histórico profissional dos árbitros e da câmara exerce papel determinante na opção da definição.[47]

A arbitragem *ad hoc*, embora não esteja previamente vedada pelo artigo 11, inciso III da Lei nº 11.079, de 30 de dezembro de 2004, seria menos recomendada, por razões de segurança jurídica e em homenagem ao princípio da impessoalidade. A arbitragem estatal prefere a arbitragem institucional, por se estabelecer uma relação jurídica diretamente com a instituição administradora do procedimento, não com os árbitros. A ideia subjacente equipara-se a ideia do juízo estatal: mantém uma relação com a instituição Poder Judiciário, não com os juízes; mantém-se uma relação com a instituição arbitral, não com os árbitros.[48]

O artigo 6º da Lei 8.666/93 define o que deve ser considerado como serviço para fins da aplicação de seus dispositivos. O artigo 13 da norma geral de licitações e contratos, a seu turno, enumera os trabalhos que devem ser considerados como de caráter técnico-profissional.

O exercício da função de árbitro está relacionado a notória especialização, afastando na prática a viabilidade de competição.

---

47. MAROLLA, Eugenia Cristina Cleto. A Arbitragem e os contratos da Administração Pública. Rio de Janeiro: Lumen Juris, 2016.

48. Palhuca, Gabriela Silvério. Desafios na redação da cláusula compromissória pelo Poder Público: uma análise das cláusulas compromissórias dos contratos de parcerias público-privadas celebrados pelo Estado de São Paulo. Revista Brasileira de Infraestrutura – RBINF, Belo Horizonte, ano 4, n. 8, jul./dez. 2015.

A singularidade dos serviços técnicos desenvolvidos, que representam a melhor solução para as necessidades da Administração, inviabilizaria a competição, tornando inexigível a licitação nos termos do artigo 25, inciso II da Lei Federal nº 8.666/93.

Alguns autores sustentam que a escolha de um árbitro para resolver conflitos envolvendo a Administração Pública seria motivada por interesses privados, de modo que a Administração Pública, ao indicar um árbitro, estaria colocando interesses privados acima do interesse público, violando, assim, o princípio da impessoalidade[49].

Tal argumento, contudo, não procede. Isto porque a escolha de um árbitro pela Administração Pública levará em conta o conhecimento, a expertise e as demais atribuições pessoais (como idoneidade, renome e dedicação) do árbitro. O árbitro escolhido não será, portanto, o que atenderá a interesses pessoais de uma das partes, mas, sim, o que terá a melhor qualificação para julgar aquele caso específico.[50]

Nesse sentido, pode-se dizer que a indicação dos árbitros consiste em um ato administrativo discricionário,[51] uma vez que a Administração Pública escolherá, dentro de uma pluralidade de decisões legítimas, qual o árbitro mais bem qualificado para o julgamento daquele caso. Naturalmente,

---

49. Cf. MARTINS, Ricardo Marcondes. Arbitragem e Administração Pública: Contribuição para o Sepultamento do Tema. In: Revista Trimestral de Direito Público, Belo Horizonte, v. 54, p. 206, 2011.

50. CAHALI, José Francisco. Curso de Arbitragem. 5. ed. São Paulo: Revista dos Tribunais, 2015, p. 197.

51. MELLO, Rafael Munhoz de. Arbitragem no Setor Portuário. p. 574-575 In: PEREIRA, Cesar; SCHWIND, Rafael Wallbach (Orgs.). Direito Portuário Brasileiro: lei 12.815, porto organizado, poligonal, arrendamento e autorização, arbitragem. 1. ed. São Paulo: Marcial Pons: São Paulo, 2015, p. 563- 576.

como qualquer ato administrativo, a indicação dos árbitros deve ser dotada de motivação, ou seja, ainda que o processo licitatório seja inexigível neste caso, os árbitros devem ser indicados com as devidas formalidades e justificativas, como será melhor abordado mais adiante.

A confiança depositada na câmara ou nos árbitros em razão dos seus atributos individuais, notadamente sua especialização e qualificação técnica, é elemento crucial para a escolha. Uma das finalidades da arbitragem é a obtenção de decisões mais técnicas, de forma que o histórico profissional dos árbitros e da câmara exerce papel determinante na opção da definição.[52]

O Decreto 8.465/15, denominado Decreto dos Portos dispõe sobre os critérios para utilização da arbitragem na solução de controvérsias no âmbito do setor portuário prevê expressamente que a escolha de arbitro ou de instituição arbitral será considerada contratação direta por inexigibilidade de licitação, devendo ser observada as normas pertinentes a esse tipo de contratação.

A Lei Estadual de Minas Gerais nº 19.477, de 12 de janeiro de 2011 traz parâmetros mais objetivos para pautar a discricionariedade do administrador público na adoção do juízo arbitral. Assim, o artigo 10 da legislação arbitral mineira coloca os seguintes parâmetros para a escolha da Câmara Arbitral:

> a) Estar constituída há pelo menos 03 anos;
>
> b) Estar em funcionamento regular;
>
> c) Identidade, competência e experiência devem estar reconhecidas.

52. MAROLLA, Eugenia Cristina Cleto. A Arbitragem e os contratos da Administração Pública. Rio de Janeiro: Lumen Juris, 2016.

No Estado de Minas Gerais pretende-se que se tenha um cadastro prévio na Administração Pública das Câmaras Arbitrais.

3.7. Execução da sentença arbitral contra a Administração Pública

Primeiramente importante salientar que no procedimento arbitral os atos de coerção devem ser feitos pelo Poder Judiciário, contudo, preciosas são as abordagens sobre o artigo 31 da Lei 9307/96 pelo mestre Carlos Alberto Carmona[53]:

> A sentença arbitral – em tema de execução – não tem mais vantagens que a sentença estatal: havendo resistência do vencido, impõe-se a execução civil, perante o juiz togado, como ocorreria (em princípio) com a sentença condenatória estatal. Mas há alguns mecanismos (de coerção) à disposição do árbitro com os quais não conta o juiz togado: alguns órgãos arbitrais têm estipulações especiais para a hipótese de descumprimento da sentença arbitral.

Continuando é necessário ressaltar que o termo Fazenda Pública abrange União, Estados, Municípios, Distrito Federal, autarquias e fundações públicas.

Nesse sentido a doutrina e a jurisprudência entendem que a expressão Fazenda Pública não abrange as estatais, excepcionalmente para as empresas públicas prestadoras de serviço público o Supremo Tribunal Federal, entendeu que o regime

53. CARMONA, Carlos Alberto. O PROCESSO ARBITRAL. Revista de Arbitragem e Mediação, São Paulo, v. 3/2014, n. 1, p.133-144, 04 mar. 2018. Disponível em: <https://edisciplinas.usp.br/pluginfile.php/1963885/mod_resource/content/1/Artigo CAC – O Processo Arbitral.pdf>. Acesso em: 04 mar. 2018.

normal de execução pela penhora de bens seria incompatível com a continuidade dos serviços públicos da atividade típica de serviços públicos e que não estejam em regime de concorrência.

O Plenário do Supremo Tribunal Federal garantiu à Empresa Brasileira de Correios e Telégrafos (ECT), empresa pública federal prestadora de serviço público, os benefícios da imunidade recíproca, previstos no art. 150, VI, "a", da Constituição Federal. Com essas decisões, o plenário do STF reafirma os precedentes do RE nº 407099 e RE nº 230072, no sentido de que deve ser dado um tratamento jurídico diferenciado para as empresas públicas que explorem atividade econômica e aquelas prestadoras de serviços públicos. As primeiras se sujeitam ao regime próprio das empresas privadas, enquanto as empresas públicas prestadoras de serviços públicos possuem natureza jurídica de autarquia, às quais não tem aplicação o art. 173, §1º, da Constituição Federal.[54]

Assim, diferentemente ocorre com a empresa pública que explora atividade econômica. A adoção do modelo privado relativamente a esse tipo de empresa encontra explicação no fato de inexistirem "institutos e normas de direito público aplicáveis ao exercício da atividade comercial e industrial". Tem-se um modelo legal de empresa pública que não cabe rigorosamente dentro do figurino do direito privado. Não se discutiu também se o próprio direito privado sofreria algum reflexo.[55]

---

54. BRASIL. Disponível em: <http://supremoemdebate.blogspot.com /2008/03/ empresa-pblica-prestadora-de-servio.html>. Acesso em: 24 jan. 2012.

55. DALLARI, Adilson Abreu, Controle político das empresas públicas. Revista de Administração de Empresas, Rio de Janeiro, v. 19, n. 3, p. 87-98, jul./set. 1979.

Tem-se, assim, em um só ente administrativo a junção do elemento público com o elemento privado, de modo que a discutível divisão do direito em público e privado fica ainda mais complicada em razão do aumento das chamadas zonas nebulosas do direito, ou seja, aquelas esferas do jurídico onde os contornos do público e do privado não são definidos.

Darlan Barroso e Roberto Rosio sobre o tema da obrigação de pagar contra a Fazenda Pública, aduzem que é necessário diferenciar quem é o credor, aplicando-se as regras correlatas em cada caso[56]:

> Caso a Fazenda Pública seja a credora, denomina-se execução fiscal, regulada pela Lei 6.830/1980, servindo tanto para o título judicial ou extrajudicial.

Todavia, o objeto aqui tratado é referente à execução em que a Fazenda Pública afigura-se no polo passivo, é a devedora de quantia certa, regulada nos arts. 534 e seguintes do CPC. Para as obrigações de fazer ou não fazer e entregar coisa, seus procedimentos serão os dos arts. 526 e 538 do NCPC.

Para as obrigações de pagar em que afigure como devedora a Fazenda Pública, mesmo quando o título foi estabelecido em procedimento arbitral, o exequente presentará demonstrativo atualizado e discriminado do crédito, a Fazenda será intimada, na pessoa do seu representante judicial para, querendo, apresentar, nos próprios autos, impugnação em 30 dias, nos termos do art. 535 do CPC. Tratando de impugnação parcial, a parte não questionada poderá desde logo ser objeto de cumprimento.

56. BARROSO, Darlan; ROSIO, Roberto. Processo Civil. São Paulo: RT, 2017.

Não apresentada a impugnação ou se for rejeitada, haverá a expedição do precatório pelo presidente do tribunal. O credito será pago na ordem de apresentação do precatório; porém, se for de natureza alimentar, será desvinculado dos outros precatórios de natureza diversa, e gozará de preferência, nos termos da Súmula 144 do STJ.[57]

3.8. Arbitragem e a delegação dos serviços públicos

A noção de serviço público tem variado no tempo e no espaço. A evolução social, econômica, tecnológica e jurídica acarreta transformações importantes na própria caracterização das atividades que devem ser prestadas pelo Estado. Por outro lado, em razão do quadro normativo diverso, determinadas atividades podem ser classificadas como serviço público em determinado país e como atividades econômicas em outros países.

Na França, a noção de serviço público foi objeto de construção doutrinária e jurisprudencial (Conselho de Estado).[58] O serviço público francês, não obstante as diversas acepções doutrinárias existentes, considerado como verdadeiro mito,[59] fundamentou o Direito Público (e, em especial, o Direito Administrativo) e legitimou a atuação do Estado.

---

57. BARROSO, Darlan; ROSIO, Roberto. Processo Civil. São Paulo: Rt, 2017.

58. É oportuno ressaltar que durante o Antigo Regime, no período antecedente à Revolução, a França conhecia atividades análogas ao serviço público, mas que não recebiam essa denominação. A ideia formal de serviço público é posterior à Revolução Francesa. Nesse sentido: GROTTI, Dinorá Adelaide Mussetti. O serviço público e a Constituição Brasileira de 1988. São Paulo: Malheiros, 2003. p. 20.

59. CHEVALLIER, Jacques. Le service public. 7e éd. Paris: PUF, 2008. p. 3.

Afirma-se, normalmente, que a origem da noção de serviço público remonta ao "caso Blanco" (Arrêt Blanco), julgado pelo Tribunal de Conflitos de 1873.[60]

O serviço público é uma espécie de atividade econômica em sentido amplo, pois se destina à circulação de bens e/ou serviços do produtor ao consumidor final. Não se confunde, no entanto, com as atividades econômicas em sentido estrito, tendo em vista os objetivos dos serviços públicos: atendimento do interesse público.[61]

Em regra, é dever do Estado, nesse contexto entendido como o gênero que engloba os Entes estatais e suas entidades, a prestação de serviços públicos diretamente, contudo, principalmente em temos de crise como é o atual o Poder Público para manter a paz social e a segurança social precisa transferir tais atividades para terceiros, tal fenômeno de transferência da prestação de serviços públicos do Estado para particulares, é juridicamente denominada como delegação de serviços públicos.

Essa transferência e/ou delegação de atividades, prescinde de prévio atendimento de alguns requisitos como em alguns casos de licitação, consulta pública, assim é importante frisar que no brasil é plenamente possível o uso de métodos consensuais ou auto compositivos de solução de controvérsias, principalmente da arbitragem, caso não seja possível alcançar um acordo amigável, essa regra consta no artigo 23-A da Lei 8.987/95, incluída pela Lei 11.196/05, tornando possível o uso dos mecanismos consensuais e da arbitragem como instrumento de resolução de conflitos oriundos do contrato de concessão.

---

60. LONG, M. et al. Les grands arrest de la jurisprudence administrative. 16e éd. Paris: Dalloz, 2007. p. 1-7.

61. GRAU, Eros Roberto. A ordem econômica na Constituição de 1988. 4. ed. São Paulo: Malheiros, 1998. p. 137-139.

A arbitragem em contratos de concessão se configura no que Juliana Bonacorsi de Palma denomina de "acordo de complementação"[62], na medida em que esta espécie de resolução de controvérsias estabelece obrigações recíprocas entre os contratantes (Poder Concedente e Concessionário), ainda que procedimentais, as quais, ao fim e ao cabo, resultam no atendimento dos princípios da eficiência e da economicidade (artigos 37 e 70 da CRFB). Nesse sentido, Selma Lemes[63] leciona que "a arbitragem como instrumento jurídico repercute favoravelmente na economia do contrato administrativo (à luz dos princípios jurídicos) e que gera eficiência para a contratante (Administração), para o contratado (agente privado) e para a sociedade, ao propiciar a redução no custo de transação".

O uso da arbitragem pela Administração Pública em suas contratações, segundo Carlos Alberto Salles, deveria ser visto como resultado da reforma do Estado e, ao mesmo tempo, como uma condição para que determinados negócios estatais pudessem ser concretizados, posto que, para o particular é necessário uma dinâmica de incentivos pelo Poder Público para que torne o negócio atrativo[64].

Os contratos de concessão são modelados com duas espécies de cláusulas: as regulamentares (ou de serviço) e as econômicas. As regulamentares, constantes na lei, em regulamento ou no próprio contrato, disciplinam a execução dos serviços delegados

---

62. PALMA, Juliana Bocorsi de. Sanção e acordo na administração pública. São Paulo: Malheiros, 2015. p. 247-252.

63. LEMES, Selma. Arbitragem na Administração Pública. Fundamentos Jurídicos e Eficiência Econômica. São Paulo: Quartier Latin, 2007. p. 197.

64. SALLES, Carlos Alberto de. Arbitragem nos Contratos Administrativos. Rio de Janeiro: Forense, 2011.

ao agente privado, de acordo com o denominado jusvariandi do Poder Concedente.

Na esteira dos ensinamentos de Alexandre Santos de Aragão[65], essas cláusulas podem ser veiculadas das seguintes formas: (a) inseridas no próprio contrato de concessão, podendo ser alterados a qualquer momento; (b) o contrato de concessão contém apenas uma cláusula genérica, pela qual o concessionário se obriga a observar todos os regulamentos presentes ou futuros concernentes ao serviço (com isto, o poder concedente ou eventual autarquia reguladora poderá emitir regulamentos para todos os concessionários ou para determinada concessão específica, desde que haja critério discriminante legítimo para tanto); (c) a elaboração dos regulamentos é delegada ao próprio concessionário, devendo as minutas por ele elaboradas ser submetidas à aprovação do poder concedente; (d) determinadas disposições regulamentares podem ser de tal forma relacionadas com a equação econômico-financeira que o contrato pode, excepcionalmente, exigir a concordância das duas partes para sua modificação.

Rafael Véras de Freitas sobre o tema da arbitragem e a delegação dos serviços públicos sumaria, em proposições objetivas, as seguintes conclusões: A edição da Lei nº 13.129/15 pôs fim à antiga controvérsia a propósito da arbitrabilidade subjetiva no âmbito das arbitragens envolvendo a Administração Pública. Porém, não avançou no tema da arbitrabilidade objetiva[66];

---

65. ARAGÃO, Alexandre Santos de. A evolução da proteção do equilíbrio econômico-financeiro nas concessões de serviços públicos e nas PPPs. In: Revista de Direito Administrativo – RDA, Rio de Janeiro, v. 263, p. 35-66, maio/ago. 2013.

66. FREITAS, Rafael Véras de. Novos desafios da arbitrabilidade objetiva nas concessões. Revista de Direito Público da Economia – RDPE, Belo Horizonte, ano 14, n. 53, jan./mar. 2016.

A evolução do princípio da consensualidade, no âmbito da Administração Pública, não só autoriza como recomenda que o exercício de suas atividades se dê por meio de atos de cooperação, e não de imposição, o que só legitima a adoção de soluções alternativas de controvérsias, a exemplo da arbitragem.

A natureza incompleta de contratos de longo prazo, como os de concessão, torna a arbitragem elemento integrante de tais contratações, uma vez que estabelecer, previamente, todas as obrigações das partes (concedente e concessionário) aumentaria seus custos de transação. Nestes termos, a expertise dos árbitros contribui para a adequada colmatação das lacunas deixadas propositadamente pelas partes.

São "direitos patrimoniais disponíveis", no âmbito dos contratos de concessão, o seu equilíbrio econômico-financeiro e as alternativas adequadas para a sua manutenção; as eventuais disputas acerca dos bens reversíveis, quando de sua extinção; e a validade da própria cláusula compromissória.

No que diz respeito ao equilíbrio econômico-financeiro do contrato de concessão, são matérias que integram o conceito de "arbitrabilidade objetiva": o pagamento à vista de indenização à parte afetada por evento cujo risco não lhe compita; ou a diluição do pagamento de compensação financeira no fluxo de caixa da concessionária, inclusive com a possibilidade de prorrogação do prazo de vigência; além do cálculo e da aplicação do índice de reajuste.

No tema das disputas envolvendo bens reversíveis, a sua identificação e a precificação da indenização poderão ser submetidas ao juízo arbitral. Nesta última hipótese, o árbitro poderá se valer dos critérios financeiro, contábil ou patrimonial para estabelecer o montante devido ao concessionário.

Nas hipóteses de encampação e de rescisão contratual, o procedimento arbitral poderá ser instaurado quando houver disputa quanto à indenização devida ao concessionário pelos eventuais prejuízos suportados com a ruptura abrupta do contrato. A nós, parece que esta indenização será composta: pelos danos emergentes relacionados aos investimentos ainda não amortizados, se for o caso; e pelos lucros cessantes, em razão do que ele deixou de ganhar e pelo custo do capital investido.

3.9. Arbitragem no setor marítimo e portuário

Não há dúvida de que a indústria marítima, mais do que em qualquer outro setor do comércio, tem promovido mais a arbitragem como método preferencial de solução de conflitos. Uma das razões pelas quais a arbitragem marítima tem sido tão largamente usada, além das vantagens tradicionais dessa forma de solução de conflito, ainda que adversarial, como eficiência, privacidade, velocidade, tem sido a possibilidade de dar às partes, que são provenientes de diferentes origens sociais, culturais e jurídicas, a possibilidade de se sentirem confortáveis por concordarem que suas disputas contratuais sejam manuseadas por profissionais comerciais, especialistas e neutros que operam em um ambiente internacional.[67]

Os mais importantes princípios são os que seguem adiante: (i) o reconhecimento da validade da cláusula compromissória se concluída antes ou depois do surgimento do conflito; (ii) um controle mínimo pelas cortes nacionais sobre o processo arbitral; (iii) a independência da cláusula arbitral incluída em relação ao contrato principal; (iv) a jurisdição do tribunal arbitral para decidir sobre sua própria jurisdição (compétence de la compétence); (v) a exclusão de recurso sobre o mérito

67. ALCÁNTARA. An International Panel of Maritime Arbitrators?. Journal of International Arbitration, p. 117.

da decisão; (vi) o reconhecimento de garantias fundamentais sobre o processo.[68]

Segundo Alcântara, desde 1970 até 1994, onze encontros internacionais de árbitros marítimos ocorreram por meio do International Congress of Maritime Arbitrators (ICMA). A clientela que a comunidade marítima internacional proporciona, contudo, não tem fácil e livre acesso aos competentes árbitros marítimos e a ela é fornecida uma lista de árbitros nacionais que, com ajuda de advogados locais, convida um árbitro especialista. Assim, a empresa opta por um procedimento especial, uma lei material e os custos em outras instâncias, tal como em Londres.

O professor português, aduz que a formação de um painel para discutir arbitragem marítima, por meio do ICMA, é relevante para debater os seguintes temas: a) as vantagens e desvantagens do projeto; b) o treinamento de árbitros; c) a disponibilidade de árbitros; d) a cooperação entre centros ou organizações arbitrais para a indicação de árbitros; e e) a aplicação e inclusão de mediação e conciliação a casos internacionais.

Adentrando no contexto do trabalho, importante salientar que a Agência Nacional de Transportes Aquaviários (Antaq) é que regulará a arbitragem, com a inclusão da cláusula compromissória nos conhecimentos de embarque. Isso é possível, pois as normas que regulam o setor assim determinam, dentre as quais podemos citar a Lei de Concessão e Permissão (nº 8.987/95, art. 23-A) e Lei de criação da Antaq e da ANTT (nº 10.233/2001, arts. 35 e 38).

68. ABOUL-ENEIM. Maritime Arbitration According to the United Nations Convention on the Carriage of Goods by Sea. Journal of International Arbitration, p. 90.

Diante desse cenário e, especialmente do marco regulatório das arbitragens marítima e portuária, são muitas as possibilidades do uso da arbitragem no setor. Trata-se de ferramenta importante na solução eficaz de tais conflitos, a fim de que os custos de transação possam ser reduzidos. Ressalte-se que se deve evitar a judicialização do conflito, por meio da negociação, mediação ou conciliação, em um primeiro momento; em um segundo, caso não obtida a solução por uma das formas acima, deve-se partir para a arbitragem.[69]

3.10. Arbitragem no setor de telecomunicações

A Lei nº 9.472, de 16.07.97 (Lei Geral de Telecomunicações), em seu artigo 19, inciso XVII, atribui competência à Agência para "compor administrativamente conflitos de interesse entre prestadoras de serviço de telecomunicações".[70]

Dinorá Adelaide Musetti Grotti aduz que o dispositivo supratranscrito a autorização para que a Agência, submetida ao controle jurisdicional, componha administrativamente os conflitos de interesses entre as prestadoras, visando a sua solução. Com a mesma restrição de submissão ao controle do Poder Judiciário, o inciso XVI lhe atribui competência para

69. CASTRO JUNIOR, Osvaldo Agripino de. Breves notas sobre arbitragem marítima e portuária. Revista de Direito Público da Economia – RDPE, Belo Horizonte, ano 12, n. 46, p. 171-190, abr./jun. 2014.

70. Lei nº 9.472/97-Art. 19. À Agência compete adotar as medidas necessárias para o atendimento do interesse público e para o desenvolvimento das telecomunicações brasileiras, atuando com independência, imparcialidade, legalidade, impessoalidade e publicidade, e especialmente: (...) XVII – compor administrativamente conflitos de interesses entre prestadoras de serviço de telecomunicações; XVIII – reprimir infrações dos direitos dos usuários.

"deliberar na esfera administrativa quanto à interpretação da legislação de telecomunicações e sobre os casos omissos".[71]

Dispondo especificamente sobre os procedimentos administrativos, a ANATEL, através de seu Regimento Interno, aprovado pela Resolução nº 270, de 19.07.01, estabeleceu, em seu artigo 32, que estes visam, especialmente, à proteção dos direitos dos usuários; ao acompanhamento do cumprimento das obrigações das prestadoras e usuários e à apreciação das solicitações, reclamações e denúncias. Dentre os procedimentos criados com tais objetivos, inseridos no Capítulo VI – Dos Atos Administrativos – do Título IV – Dos Procedimentos Administrativos –, está à arbitragem, previstas, respectivamente, no artigo 63:

> Art. 63. Havendo conflito de interesses entre prestadoras de serviços de telecomunicações ou entre estes e os usuários será procedida à arbitragem.
>
> Parágrafo único. As partes, enquanto prestadoras, podem submeter à solução de seus eventuais conflitos ao processo de arbitragem quando houver compromisso prévio de aceitar como vinculante a decisão que vier a ser proferida.

Comentando o dispositivo no artigo 67 da Resolução nº 40/98, observa Paulo Brancher[72]: Tal "processo de arbitragem próprio" não esclarece se deve ser feito sob a égide da Lei de Arbitragem. O que à primeira vista parece merecer uma resposta afirmativa, por outro lado pode gerar uma situação de

---

71. GROTTI, Dinorá Adelaide Musetti. Arbitragem e o setor de telecomunicações no Brasil. Revista de Direito de Informática e Telecomunicações – RDIT, Belo Horizonte, ano 2, n. 2, p. 99-127, jan./jun. 2007.

72. BRANCHER, Paulo. Soluções de controvérsias e as agências reguladoras. Revista Brasileira de Arbitragem, Porto Alegre, n. 1, p. 40-56, jan./mar. 2004.

conflito de normas. Isso porque, conforme dispõe o art. 153, §1º, da LGT, o acordo das condições para a interconexão deve ser formalizado por meio de contrato, "cuja eficácia dependerá de homologação pela agência, arquivando-se uma de suas vias na biblioteca para consulta de qualquer interessado".

> Ora, se as partes decidirem firmar um processo de arbitragem independente, nos termos da Lei de Arbitragem, o seu resultado poderá ser um laudo, o qual, nos termos do art. 31 da referida lei, "produz, entre as partes e seus sucessores, os mesmos efeitos da sentença proferida pelos órgãos do Poder Judiciário". Ademais, pelo art. 18 da mesma lei, em sendo o árbitro juiz de fato e de direito, "a sentença que proferir não fica sujeita a recurso ou a homologação pelo Poder Judiciário".
>
> Haveria, pois, um nítido conflito de normas, pois ainda que a LGT estabeleça a obrigatoriedade de homologação do contrato (e não de eventual laudo ou sentença), tal requerimento se deve à necessidade de controle do Poder Público sobre as condições de interconexão, para que estas não sejam discriminatórias. Por outro lado, a Lei de Arbitragem é clara ao estabelecer que a sentença arbitral não está sujeita à homologação para gerar eficácia.
>
> O mesmo problema ocorre se a questão é levada diretamente ao Poder Judiciário, pois a sentença judicial não está condicionada a qualquer tipo de homologação.
>
> Não se tem notícia de qualquer caso prático que tenha envolvido tal conflito. No entanto, nos é claro que sua ocorrência não está afastada, caso as partes envolvidas decidam recorrer à arbitragem nos termos da Lei nº 9.307/96. Entendemos, assim, que a "arbitragem" mencionada no art. 67 da Resolução nº 40/98 se refere a um processo de arbitramento qualquer, não administrativo, nem arbitral (nos termos da lei) em que o resultado, para se tornar vinculativo e gerar eficácia, deve ser levado para a homologação da agência.

3.11. Arbitragem no setor de energia

A Lei nº 9.427, de 26.12.96 (Energia Elétrica), em seu art. 3º, inciso V, atribui como competência da ANEEL "dirimir, no âmbito administrativo, as divergências entre concessionárias, permissionárias, autorizadas, produtores independentes e autoprodutores, bem como entre esses agentes e seus consumidores" e, em seu artigo 23, faz remissão à Lei nº 8.987/95.

A Lei nº 10.848, de 15.03.2004, alterada pela Lei nº 11.075/2004, estabelece que "as regras para a resolução das eventuais divergências entre os agentes integrantes da Câmara de Comercialização de Energia Elétrica (CCEE) serão estabelecidas na convenção de comercialização e em seu estatuto social, que deverão tratar do mecanismo e da convenção de arbitragem, nos termos da Lei da Arbitragem – Lei nº 9.307, de 23 de setembro de 1996 – (art. 4º, §5º)", autorizando as empresas públicas e as sociedades de economia mista, suas subsidiárias ou controladas, titulares de concessão, permissão e autorização, a integrar a CCEE e a aderir ao mecanismo e à convenção de arbitragem previstos no §5º do artigo 4º da Lei.

A Lei nº 9.478, de 06.08.97, que dispõe sobre a política energética nacional e as atividades relativas ao monopólio do petróleo, institui o Conselho Nacional de Política Energética e a Agência Nacional do Petróleo, estabelece, no art. 20 a necessidade de realizar a mediação e a arbitragem como procedimentos válidos para a solução dos conflitos entre os agentes econômicos. Em seu artigo 43, X, exige, nos contratos de concessão do setor, a inserção de cláusula prevendo a composição de litígios relativos ao contrato e sua execução, inclusive mediante a utilização de meios alter nativos, mais especificamente, a conciliação e a arbitragem.

A supracitada legislação em seu artigo 27, parágrafo único, estabelece que, quando os concessionários que atuam em campos que se estendam por blocos vizinhos, não cheguem a um acordo para individualização da produção, a ANP determinará que os interessados submetam a controvérsia imediatamente à arbitragem, de acordo com as condições estabelecidas no contrato de concessão.

Por sua vez, o artigo 67 estabelece que os contratos celebrados pela PETROBRAS, para aquisição de bens e serviços, serão precedidos de procedimento licitatório simplificado, o qual foi definido pelo Decreto nº 2.745/98. Referido instrumento normativo dispõe que os contratos deverão estabelecer, com clareza e precisão, os direitos, obrigações e responsabilidades das partes e conterão cláusulas específicas sobre a forma de solução dos conflitos, o foro do contrato e, quando necessário, a lei aplicável (art. 7.1.3, "m").

Lucia Valle Figueiredo sustenta que as agências não têm poder arbitral para dirimir conflitos entre os prestadores de serviço e o Poder Público, seja ele federal, estadual ou municipal. Não vê, porém, impedimento constitucional para dirimir controvérsias, ou, então, impor regras de convivência, entre as próprias empresas concessionárias, sobretudo na difícil questão do compartilhamento de infraestrutura.[73]

3.12. Programa de Parcerias de Investimentos (PPI) e arbitragem

Como é sabido, um dos entraves ao desenvolvimento do País está nos gargalos da infraestrutura brasileira. De

73. FIGUEIREDO, Lucia Valle. Curso de direito administrativo. 8. ed. rev., amp. e atual. São Paulo: Malheiros, 2006.

acordo com a Federação das Indústrias do Estado de São Paulo (FIESP):[74]

> (i) a infraestrutura brasileira não atende às necessidades atuais do País, tampouco fornece as condições necessárias para crescimento; (ii) os investimentos nos últimos anos foram modestos (de apenas 2,2% do PIB) vis-à-vis referências históricas do País e mesmo de outras economias emergentes, como Índia (4,7%) e China (8,5%); (iii) o Brasil deve expandir e acelerar seu programa de investimentos em infraestrutura. Estima-se que, para fechar essas lacunas, exijam-se investimentos de mais de 5% do produto interno bruto (PIB) ou R$240 bilhões ao ano, nos próximos anos; (iv) os desafios para executar um programa de investimentos dessa magnitude são relevantes e estão presentes em todas as fases dos projetos. Para tanto, (i) predica-se a criação de um ambiente regulatório favorável para desenvolvimento de projetos de qualidade; (ii) deve-se promover investimentos privados, incluindo a instituição de marcos regulatórios alinhados com o contexto e a necessidade dos setores; e (iii) necessita-se de um plano integrado e políticas nacionais para desenvolvimento de infraestrutura que, consequentemente, originariam grandes projetos prioritários para fechar as lacunas.

Com vistas a dar conta de tais necessidades, em 15 de agosto de 2012, o governo federal lançou a primeira fase do Programa de Investimentos em Logística (PIL). Por meio do referido programa, pretendia-se contribuir para o desenvolvimento de um sistema de transportes moderno e eficiente, que seria levado a efeito pela celebração de parcerias estratégicas com o setor privado, promovendo-se sinergias entre os modais

---

74. Federação das Indústrias do Estado de São Paulo (2014).

rodoviário, ferroviário, hidroviário, portuário e aeroportuário. Para o atendimento de tal desiderato, se previu a realização de investimentos na ordem R$133 bilhões, apenas nos modais rodoviário e ferroviário.

Nesse contexto foi editada, em 13 de setembro de 2016, a Lei nº 13.334, que cria o Programa de Parcerias de Investimentos (PPI). O novel diploma institui um novo regime jurídico para os contratos de longo prazo. Tem por desiderato aprimorar aspectos regulatórios exógenos (atinentes ao ambiente institucional) e endógenos (atrelados às modelagens de pactos concessórios) dos projetos de infraestrutura. Tudo com vistas a atrair investimentos privados para tais projetos público-privados. [75]

Para este trabalho é importante frisar que no PPI poderá se valer de rito similar ao previsto para a resolução de controvérsias no âmbito pela Câmara de Conciliação e Arbitragem da Administração Federal (CCAF). Trata-se de entidade instituída pelo Ato Regimental AGU nº 5, de 27 de setembro de 2007, com o propósito de solucionar, em âmbito nacional, por conciliação ou arbitragem, mediante cooperação e diálogo, controvérsias entre órgãos e entidades públicas federais, tendo em vista o atendimento do interesse público com observância dos princípios da Administração Pública.

Os normativos que disciplinam o procedimento de conciliação dessas entidades preveem as seguintes fases para tal harmonização das vontades administrativas: apresentação de manifestações e documentos das entidades interessadas;

75. FREITAS, Rafael Véras de. O Programa de Parcerias de Investimentos (PPI) e o seu regime jurídico. Revista de Contratos Públicos – RCP, Belo Horizonte, ano 6, n. 11, mar./ago. 2017.

reunião de conciliação ou de mediação com as partes. Segue daí que, se houver conciliação, esta será homologada, por termo, pela AGU. Porém, frustrada a conciliação, passa-se ao arbitramento, que é a submissão ao crivo do advogado-geral da União, na forma do artigo 40 da Lei Complementar nº 73/1990, 74 de um parecer elaborado no âmbito da CCAF ou da Consultoria da União, para dirimir o conflito. É o que aqui poderá se passar na hipótese de a reunião para a liberação conjunta dos empreendimentos do PPI não resultar em acordo entre as entidades administrativas com competência liberatória.

3.13. Procedimento arbitral aplicado a Administração Pública

Iniciamos, introduzindo que o legislador no campo doutrinário, persiste o debate acerca da necessidade ou não de previsão da arbitragem no procedimento convocatório (Edital).

Paulo Osternak Amaral defende que a inserção da arbitragem no edital de convocação seria desnecessária, ante a inexistência de dispositivo legal exigindo sua obrigatoriedade.[76]

O marco legal do inicio do procedimento arbitral é a escolha e aceitação do(s) arbitro(s), uma vez que subsumi do artigo 19 da Lei 9.307/96 o seguinte:

> Art. 19. Considera-se instituída a arbitragem quando aceita a nomeação pelo árbitro, se for único, ou por todos, se forem vários.
>
> § 1º Instituída a arbitragem e entendendo o árbitro ou o tribunal arbitral que há necessidade de explicitar questão

76. AMARAL, Paulo Osternack. Arbitragem e Administração Pública: Aspectos processuais, medidas de urgência e instrumentos. Belo Horizonte: Fórum, 2012.

> disposta na convenção de arbitragem, será elaborado, juntamente com as partes, adendo firmado por todos, que passará a fazer parte integrante da convenção de arbitragem. (Incluído pela Lei nº 13.129, de 2015) (Vigência).

A escolha do(s) árbitro(s) torna-se ponto central para concretização da arbitragem. Por isso, a existência de regras claras e pré-determinadas no contrato pode evitar que haja delongas na instauração do processo de arbitragem.

As leis que regem os contratos de concessão de serviços públicos (art. 23-a da Lei 8987/95) e parceria público-privada (art. 11, inc. III da Lei 11.079/04) não instituíram uma regra especial para a escolha do(s) árbitro(s) que procederá (ão) à arbitragem, apenas fazendo referência à adoção das regras previstas na 9.307/96.

Carlos Alberto Salles ressalta que a previsão da arbitragem no edital convocatório permite que o particular adira de forma consciente aos mecanismos de resolução de conflitos, visto que o contrato administrativo, por se revestir de caráter de adesão, obrigará as partes aos direitos e obrigações nele previstos. A esse respeito, o autor expõe que:

> Justifica-se medida dessa ordem pelo fato de a contratação administrativa possuir caráter de contrato de adesão em relação ao particular. A administração, prévia e unilateralmente, define as obrigações que deverão constar do contrato, inserindo-as no edital e/ou minuta contratual. Ao particular cabe escolher participar ou não do procedimento licitatório, atacando as condições contratuais estabelecidas pela Administração.[77]

---

77. SALLES, Carlos Alberto de Arbitragem nos Contratos Administrativos. Rio de Janeiro: Forense, 2011.

Como acima enfatizado, após vigência da Lei nº 13.129/15, que trouxe alterações à Lei nº 9.307/96, restou consolidado o entendimento de que a Administração Pública Direta e Indireta pode se valer da arbitragem para dirimir conflitos relativos a bens patrimoniais disponíveis.

Todavia, é evidente que a arbitragem que envolve um ente da Administração Pública (especialmente da Administração Pública Direta) possuirá características específicas, tendo em vista que o Poder Público é sujeito a princípios e valores próprios.[78]

Desse modo, será aqui demonstrado que o instituto da arbitragem é compatível com os princípios atinentes à Administração Pública, ainda que existam algumas limitações necessárias, como dispõe, inclusive, a própria Lei de Arbitragem.

3.14. Pagamento das despesas com arbitragem

A Administração Pública é sujeita a limites orçamentários e que o surgimento de disputas não é um fato previsível, o pagamento das custas da arbitragem apresenta-se como um dos principais problemas práticos enfrentados nas arbitragens que envolvem o Poder Público.

Em decorrência da evolução do tempo, o conceito e a análise do orçamento tiveram grandes modificações. O orçamento público surgiu na Inglaterra, no século XI, com a finalidade de que os soberanos não instituíssem e criassem tributos tendo em vista que possuíam o poder discricionário

78. MARTES, Marina Martins. Arbitragem e Administração Pública: a compatibilidade, os limites e o procedimento arbitral envolvendo o Poder Público. Revista Brasileira de Estudos da Função Pública – RBEFP, Belo Horizonte, ano 5, n. 15, p. 213-245, set./dez. 2016.

(CERVO, 2012). Portanto, o orçamento público surgiu com o objetivo de evitar justamente que os soberanos instituíssem tributos sem previsão.

As despesas da arbitragem, como qualquer outro tipo de despesa pública em uma primeira análise deverá estar no orçamento, assim esse pode ser conceituado como:

> O ato pelo qual o Poder Legislativo prevê a autoriza o Poder Executivo, por certo período e em pormenor, as despesas destinadas ao funcionamento dos serviços públicos e outros fins adotados pela política econômica ou geral do país, assim como a arrecadação das receitas já criadas em lei.[79]

Em segunda analise tendo em vista que as crises de governabilidade enfrentadas pelo Estado brasileiro (crises fiscais, políticas e econômicas) e da falta de responsabilidade dos agentes públicos em realizar a correta aplicação dos recursos públicos faz com que o Brasil comece a adotar novos modelos de gestão pautados nos princípios da boa governação, com transparência e responsabilidade, objetivando a concretização dos interesses públicos da coletividade.

Assim, hoje se estuda pela doutrina a possibilidade de instituição de outros mecanismos de gestão dos recursos destinados a solução dos conflitos administrativos pela arbitragem, a seguir relacionados:

> a) Criação de Fundos Públicos para financiamento das arbitragens;
>
> b) Adiantamento das custas pelo particular;
>
> c) Instituição de Fundos Garantidores das arbitragens estatais.

---

79. BALEEIRO, Aliomar. Uma introdução à ciência das finanças. 19. ed. rev. e atual. Rio de Janeiro: Forense, 2015.

Alguns como Marina Martins Martes, entendem que objetivando evitar que a ausência de pagamento das custas seja um obstáculo ao prosseguimento do procedimento arbitral, a solução seria o adiantamento das custas pelo investidor.[80]

Nesse sentido, o Decreto nº 8.465/2015, que trata da arbitragem envolvendo o setor portuário, determina que:

> Art. 3º A arbitragem de que trata este Decreto observará as seguintes condições:
>
> (...) VII – as despesas com a realização da arbitragem serão adiantadas pelo contratado quando da instauração do procedimento arbitral, incluídos os honorários dos árbitros, eventuais custos de perícias e demais despesas com o procedimento;
>
> VIII – a parte vencida arcará com os custos do procedimento de arbitragem. (...).

Com conteúdo semelhante, a Lei nº 19.477/11 do Estado de Minas Gerais, que dispõe sobre a adoção do juízo arbitral para a solução de litígio em que o Estado seja parte, prevê que:

> Art. 11. No edital de licitação de obra e no contrato público constará a previsão das despesas com arbitragem, taxa de administração da instituição arbitral, honorários de árbitros e peritos e outros custos administrativos.

Destaca-se, a título exemplificativo, a cláusula compromissória contida no contrato de PPP firmado pelo Estado do

80. MARTES, Marina Martins. Arbitragem e Administração Pública: a compatibilidade, os limites e o procedimento arbitral envolvendo o Poder Público. Revista Brasileira de Estudos da Função Pública – RBEFP, Belo Horizonte, ano 5, n. 15, set./dez. 2016.

Paraná para a construção da Rodovia PR – 323 que prevê expressamente que a Concessionária será responsável pelas custas para instauração do procedimento arbitral.[81]

Rafael Munhoz de Mello, aduz que o adiantamento das custas pelo investidor, ainda que não seja uma solução perfeita ao problema (vez que representa um grande ônus ao investidor, podendo acarretar o afastamento dos investimentos privados), vem sendo amplamente utilizado na prática, já que impede a paralisação do procedimento arbitral (o que traria grandes malefícios a ambas as partes).[82]

Felipe Moraes, ao fazer uma comparação entre as arbitragens conduzidas pela CAMARB que preveem o pagamento antecipado das custas com uma arbitragem, também conduzida pela CAMARB, que não trouxe essa regra, afirma que[83]:

> O cenário que confere ao particular a incumbência de antecipar o pagamento das custas acaba sendo uma forma de resolver um problema de ordem prática, que é como operacionalizar esse pagamento [das custas da arbitragem] e como discutir, por exemplo, uma eventual necessidade de dotação orçamentária. É difícil prever quando ocorrerá uma arbitragem, qual será o valor, etc. Então, vejo que esse modelo [do pagamento antecipado] tem funcionado muito bem na prática quando comparado com as arbitragens que

81. Cf. DE MELLO, Rafael Munhoz. Arbitragem e Administração Pública. p. 77. In: Revista Jurídica da Procuradoria-Geral do Estado do Paraná, Curitiba, n. 6, p. 47-81, 2015.
82. Cf. DE MELLO, Rafael Munhoz. Arbitragem e Administração Pública. p. 77. In: Revista Jurídica da Procuradoria-Geral do Estado do Paraná, Curitiba, n. 6, p. 47-81, 2015.
83. MORAES, Felipe. A experiência da CAMARB com as arbitragens envolvendo a Administração Pública. 25 abr. 2016. Entrevista concedida a Marina Martins Martes para análise de casos e dados em trabalho de conclusão de curso.

> não adotam essa regra (...). No final das contas, mesmo na arbitragem que não adotava a Lei de Minas Gerais [que prevê o adiantamento das custas pelo investidor], o particular acabou pagando as custas. Acho que, quando estamos falando da Administração Pública Direta, dificilmente o Estado vai conseguir recolher esses valores das custas da arbitragem e, pelo menos, esse formato da Lei de Minas Gerais evita surpresas, pois cria uma previsibilidade ao particular. Parágrafo único. As despesas a que se refere o caput deste artigo serão adiantadas pelo contratado quando da instauração do procedimento arbitral.

Nesse trabalho fazendo um estudo sistema jurídico brasileiro, entendemos ser possível, ainda, a institucionalização das seguintes fontes de financiamento das arbitragens estatais, a criação de uma empresa estatal garantidora e a vinculação de receitas.

A forma tradicional deve ser levada como medida de boa governança pelos entes federativos o Estado tem despesas e, para cobri-las, faz-se necessária a arrecadação tributária dos cidadãos, que de certa forma utilizam os serviços públicos promovidos pelo próprio Estado. O cidadão é contribuinte e, em contrapartida, o Estado é o retribuinte no que tange à satisfação das necessidades coletivas como forma de atender à dignidade da pessoa humana.[84]

Por fim, trabalhos que por determinação constitucional da Constituição Federal as obrigações de pagar pela Fazenda Pública, (União, Estados, Distrito Federal, Municípios, Autarquias, Fundações e Empresas Públicas prestadoras de serviços públicos), deverão ser feitas pelo regime de precatório que

---

84. SIQUEIRA, Dirceu Pereira; FERREIRA, Olavo Augusto Vianna Alves. Governança estatal, orçamento e os direitos da personalidade: os impactos negativos da "má gestão" no contexto econômico. Revista de Direito Empresarial – RDEmp, Belo Horizonte, ano 14, n. 3, set./dez. 2017.

nada mais é que uma despesa pública especial, prevista na Constituição Federal, que é o pagamento de sentença judicial transitada em julgado.[85]

Nos exatos termos do artigo 100 da Carta Magna o precatório que for apresentado até 01 de julho, a Administração Pública tem até o final do ano seguinte para o seu pagamento.

Como já trabalhamos a sistemática constitucional do precatório alcança apenas os pagamentos devidos pela Fazenda Pública, Entes políticos, Autarquias e Fundações de Direito Público, as Fundações de Direito Privado e as Empresas Públicas prestadoras de serviços públicos e que não estejam em regime de concorrência o Supremo Tribunal Federal reconhece o regime de precatório uma vez que entende que o regime normal de execução pela penhora de bens seria incompatível com a continuidade dos serviços públicos.[86]

---

85. EMBARGOS À EXECUÇÃO FISCAL. IMPOSTO SOBRE CIRCULAÇÃO DE MERCADORIAS E SERVIÇOS (ICMS). EMPRESA BRASILEIRA DE CORREIOS E TELÉGRAFOS (ECT). IMUNIDADE RECÍPROCA.

    1. Aplicabilidade da imunidade recíproca prevista no artigo 150, VI, a, da CF à Empresa Brasileira de Correios e Telégrafos (ECT) no que concerne ao Imposto sobre a Circulação de Mercadorias e Serviços (ICMS). Precedentes desta Corte e do STF. 2. Venda de aerogramas (envelopes pré-franqueados). Inserção no conceito de serviço postal, que é de prestação obrigatória, e, portanto, imune à tributação pelas entidades políticas distrital, estadual e municipal. CF, artigo 21, X, 22, V; Lei 6.538/1978, artigos 8º, I, e 9º, III. Precedente desta Corte. 3. Apelação provida. PROCESSUAL CIVIL. EMBARGOS À EXECUÇÃO. ECT. PRIVILÉGIOS DA FAZENDA PÚBLICA. EXECUÇÃO REGIDA PELOS ARTS. 730 E SEGUINTES DO CPC. EXTINÇÃO DO PROCESSO, SEM EXAME DO MÉRITO. SENTENÇA ANULADA. APLICAÇÃO DO ART. 515, §3º, DO CPC. PROCEDÊNCIA DOS EMBARGOS.

86. TRIBUTÁRIO. AGRAVO DE INSTRUMENTO. PENHORA DE BENS DA CONAB: INADMISSIBILIDADE – ART. 7º, LEI 7.032/82 – LEGALIDADE PROCESSUAL A ORDENAR A EXECUÇÃO POR PRECATÓ-

No caso das Empresas Públicas e Sociedades de Economia Mista que estejam no exercício da atividade econômica o regime de precatório será vedado, pois, esses entes estatais estão em regime de concorrência e as demais empresas privadas obviamente não terão esse privilégio de estar sob o regime típica e exclusivamente de direito privado.

RIO, EXECUÇÃO ESPECIAL – REFORMA DA R. DECISÃO. PROVIMENTO AO AGRAVO. Flagrante aqui não se proceda, por desnecessário, a um aprofundamento sobre se o cunho de empresa pública da Conab a revelaria a praticar atos estatais ou atos da vida privada em geral, a competir com o mercado privado. A impenhorabilidade do acervo de dita companhia decorre de comando de lei, o art. 7º, da Lei nº 7.032/82, a vigorar desde sua gênese como tal, oriunda da figura de uma anterior autarquia federal, a Companhia de Financiamento da Produção – CFP. A execução sobre a Conab acaba por refugir aos parâmetros da LEF – Lei de Execução Fiscal nº 6.830/80, coerente se afigurando sua citação, para pagar ou opor embargos, sem prévia constrição. Precedentes. Observada a legal idade processual, ao se fixar pela impenhorabilidade dos bens em questão. Provimento ao agravo de instrumento.

4

CONCLUSÃO

A arbitragem é um mecanismo de resolução de disputas que pode ser perfeitamente utilizado pela Administração Pública para resolver seus litígios de natureza patrimonial e disponível. A utilização de tal mecanismo pelo Poder Público produz efeitos diferentes quando estudada a organização da Administração Pública, seus órgãos e entidades. A Administração Pública não apenas torna-se capaz de resolver seus litígios de maneira mais eficiente (o que está em consonância com o princípio do interesse público), mas também atrai investidores, que passam a ver menos risco na contratação com o setor público.

O direito administrativo vem passando por uma grande transformação de forma a compatibilizar a utilização do instituto da arbitragem nos litígios envolvendo o Poder Público, face os princípios atinentes à Administração Pública, que devem ser respeitados em sua máxima extensão, a fim de garantir o bom funcionamento do Estado Democrático de Direito.

A viabilidade jurídica da utilização da arbitragem pela Administração Pública foi consagrada, definitivamente, pela Lei de Arbitragem, alterada pela Lei nº 13.129/2015, bem como por várias legislações de direito administrativo, produzindo efeitos no desenho institucional da Administração Pública brasileira.

Por esta razão, a presente obra estudou diretamente os reflexos da arbitrabilidade subjetiva e objetiva no desenho organizacional da Administração Pública brasileira apresentando os parâmetros que devem ser observados nas arbitragens envolvendo o Poder Público, com o objetivo de conciliar esse mecanismo extrajudicial de conflitos com os princípios da Administração Pública.

Diante desse cenário e, especialmente da expressa autorização legal introduzida pela reforma na Lei Brasileira de Arbitragem, são muitas as possibilidades do uso da arbitragem no setor público. Trata-se de ferramenta importante na solução eficaz de tais conflitos, a fim de que os custos processuais possam ser reduzidos.

É necessário e urgente, portanto, que se amplie o uso da arbitragem na gestão pública, como forma de concretização do princípio constitucional da eficiência, o que demanda maior estudo sobre as possibilidades e limites em face da ordem pública.

É fruto da incorporação das normas de Direito Privado ao Direito Público, o que a doutrina portuguesa vem denominando da fuga para o direito privado, a arbitragem é recomendável, bem como pelas suas características, podendo ser um instrumento para vários tipos de disputa, tendo em vista, especialmente, as características, facilidade e simplicidade para instauração do procedimento arbitral.

A arbitragem, como mecanismo flexível que é, pode se adaptar (como já vem se adaptando) às características da Administração Publica, criando ritos, sistemáticas e processamentos que lhe são próprios. Neste trabalho, abordamos as principais divergências do tema na doutrina e percebemos que pela recente regulamentação, muitas outras discussões e divergências ainda hão de surgir.

Não se pode esquecer que existem mecanismos e órgãos a ser utilizados e que pode ainda ser repensados, modificados ou melhorados.

Vimos que a arbitragem administrativa não é algo novo, ao revés, existe desde os primórdios, mesmo no Brasil, inclusive há leis antigas sobre o assunto.

Até mesmo na Justiça do Trabalho pode instituir uma fase arbitral, com árbitros e não só com conciliadores que, ou são juízes de direito ou são funcionários, todos ligados ao Estado da mesma forma. Não é isso que se está a defender, seria a fase arbitral mesmo, sendo que a fase judicial ficaria como exceção e não a regra.

O Direito Comparado pode e deve ser usado e algumas vezes será útil. A ideia de se terem fases, como acontece no Canadá, Portugal. Com efeito, se começaria com mediação, conciliação e depois arbitragem.

Temos que quebrar alguns paradigmas, trazer novas ideias. Novos moldes para o direito administrativo e para a própria arbitragem, com a finalidade da sua aplicação no direito, de forma mais simples, sem perder as características, menos custosa e com celeridade para os interessados.

Em temos de crise, da necessidade de redução de despesas com pessoal, aparelhamento do Estado, de seleção das demandas que chegam ao Poder Judiciário, com vistas a controlar e mitigar sua morosidade, não se pode mais aceitar no Brasil que seja alimentada a cultura do litigio e do processo, assim, é chegada a hora de mudanças, uma vez que no ordenamento jurídico há um plexo de situações em que poderá o Estado, resolver suas controvérsias e litígios.

De modo que concluímos que o tema ainda está em evolução, principalmente levando em comparação outros países como Portugal, Estados Unidos, onde a arbitragem faz-se presente em vários campos, como na área tributária, fiscal, na Administração Pública e em outras áreas que seriam hoje incompreensíveis no ordenamento jurídico brasileiro.

REFERÊNCIAS

ALCÁNTARA. An International Panel of Maritime Arbitrators? Journal of International Arbitration, p. 117.

ALEXY, Robert. Teoria dos Direitos Fundamentais. São Paulo: Malheiros. 2008. Tradução de: Virgílio Afonso da Silva. p. 240.

ALMEIDA, Fernando Dias Menezes de. Contrato administrativo no Brasil: aspectos críticos da teoria e da prática. Revista de Contratos Públicos – RCP. Belo Horizonte, n.1, mar./ago. 2012.

AMARAL, Antônio Carlos Cintra do. O princípio da publicidade no Direito Administrativo. Revista Brasileira de Direito Público – RBDP, Belo Horizonte, ano 1, n. 2, jul./set. 2003. Disponível em: <http://www.bidforum.com.br/PDI0006.aspx?pdiCntd=12521>. Acesso em: 6 dez. 2017

AMARAL, Paulo Osternack. Arbitragem e Administração Pública: Aspectos processuais, medidas de urgência e instrumentos. Belo Horizonte: Fórum, 2012.

ARAUJO, Nadia de. O PRINCÍPIO DA AUTONOMIA DA CLÁUSULA ARBITRAL NA JURISPRUDÊNCIA BRASILEIRA. Disponível em: <http://nadiadearaujo.com/wp-content/uploads/2015/03/O-PRINCÍPIO-DA-AUTONOMIA-DA-CLÁUSULA-ARBITRAL-NA-JURISPRUDÊNCIA-BRASILEIRA3.pdf>. Acesso em: 27 nov. 2017.

ARGUELHES, Diego Werneck; LEAL, Fernando. O argumento das "capacidades institucionais" entre a banalidade, a redundância e o absurdo. PUC-RJ Revista Direito, Rio de Janeiro, p.6-50, jun. 2011. Semestral.

AVELAR, Mariana Magalhães. Licitações das empresas estatais: delineamento do regime jurídico aplicável aos procedimentos de contratação do Estado empresário. Fórum de Contratação e Gestão Pública – FCGP, Belo Horizonte, ano 15, n. 177, p. 49-64, set. 2016.

BALEEIRO, Aliomar. Uma introdução à ciência das finanças. 19. ed. rev. e atual. Rio de Janeiro: Forense, 2015.

BAUMAN, Zygmunt. Modernidade líquida. Rio de Janeiro: Jorge Zahar Ed., 2001.

______. Comunidade: a busca por segurança no mundo atual. Rio de Janeiro: Jorge Zahar Ed., 2003.

BANDEIRA DE MELLO, Celso Antônio. A noção jurídica de 'interesse público'. In: BANDEIRA DE MELLO, Celso Antônio. Grandes temas de direito administrativo. São Paulo: Malheiros, 2010.

BARLETTA, Antonino. La 'disponibilità' dei diritti nel processo di cognizione e nell'arbitrato. Rivista di diritto processuale, vol. 4, 2008, n. 5, p. 998.

BARROSO, Darlan; ROSIO, Roberto. Processo Civil. São Paulo: Rt, 2017.

BARROSO, Luís Roberto. Regime jurídico das empresas estatais. Revista de Direito Administrativo, Rio de Janeiro, v. 242, p. 85-93, out./dez. 2005. p. 85.

BINENBOJM, Gustavo. Uma teoria do Direito Administrativo: Direitos Fundamentais, Democracia e Constitucionalização. 2. ed. Rio de Janeiro: Renovar, 2008.

BINENBOJM, Gustavo. Uma teoria do Direito Administrativo: Direitos Fundamentais, Democracia e Constitucionalização. 2. ed. Rio de Janeiro: Renovar, 2008.

Biwater v. Tanzania, 24 jul. 2004, Award, ICSID Case n. ARB/05/22; Aguas del Tunari v. Bolivia, 21 out. 2005, Decision on Respondent's Objections to Jurisdiction, ICSID Case n. ARB/02/3; Suez Vivendi v. Argentina, 30 jul. 2010, Decision on Liability, ICSID Case n. ARB/03/19.

BOBBIO, Norberto. *Liberalismo e Democracia*. 6.ed. São Paulo: Brasiliense, 1994, p.20.

BOBBIO, Norberto. *Liberalismo e Democracia*. 6.ed. São Paulo: Brasiliense, 1994, p.20.

BONFÁ DE JESUS, Isabela; BONFÁ DE JESUS, Fernando BONFÁ DE; JESUS, Ricardo Bonfá de. Manual de direito e processo tributário. 4. ed. São Paulo: Editora Revista dos Tribunais, 2017.

BORDA, Guilherme A. Tratado de derecho civil: obligaciones. 8. ed. Buenos Aires: Perrot, 1998. p. 106.

BRANCHER, Paulo. Soluções de controvérsias e as agências reguladoras. Revista Brasileira de Arbitragem, Porto Alegre, n. 1, p. 40-56, jan./mar. 2004.

BRASIL. Constituição 1824: Constituição Política do Império do Brasil. 1824. Disponível em: <http://www.planalto.gov.br/ccivil_03/constituicao/constituicao24.htm>. Acesso em: 07 mar. 2017.

BARCELOS, Renato de Abreu. A profanação do interesse público no Estado Democrático de Direito: por um modelo procedimental de solução das colisões entre interesses públicos e interesses privados. Fórum Administrativo – FA, Belo Horizonte, ano 12, n. 136, p. 61-74, jun. 2012.

BRASIL. Plano Diretor da Reforma do Aparelho do Estado – 1995. Brasilia, DF, nov. 1995. Disponível em: <http://www.biblioteca.presidencia.gov.br/publicacoes-oficiais/catalogo/fhc/plano-diretor-da-reforma-do-aparelho-do-estado-1995.pdf/view>. Acesso em: 16 mar. 2017. Buenos Aires: Ediciones Rap, 2011, p. 48.

CAHALI, José Francisco. Curso de Arbitragem. 5. ed. São Paulo: Revista dos Tribunais, 2015, p. 135.

CALMON, Petrônio. *Fundamentos da mediação e da conciliação*. Rio de Janeiro: Forense, 2007.

CAMPOS, Gabriel. Capacidade processual ou judiciária de órgãos públicos. *Fórum de Contratação e Gestão Pública – FCGP*, Belo Horizonte, ano 10, n. 118, out. 2011.

CANOTILHO, J J Gomes. DIREITO CONSTITUCIONAL. 6. ed. Coimbra: Livraria Almedina, 1993.

CARAMELO, António Sampaio. Critérios de arbitrabilidade dos litígios. Revisitando o tema. Revista de Arbitragem e Mediação. n. 27. Out./Dez. 2010. p. 129-161.

CARBAJALES, Juan José. Las Sociedades Anónimas bajo injerencia estatal – SABIE: El regreso del "Estado empresario" a través de uma nueva modalidade de "empresa pública"?

CARMONA, Carlos Alberto. Arbitragem e Processo – Um Comentário à Lei nº 9.307/96. São Paulo: Atlas, 2009, p. 38.

CARMONA, Carlos Alberto. Arbitragem e Processo: um comentário à Lei nº 9.307/96. 2. ed. São Paulo: Atlas, 2007. 225 p.

CARVALHO, Diógenes Fárias de; PEREIRA, Paulo Guimarães. A boa-fé objetiva como parâmetro de análise dos contratos administrativos. Fórum de Contratação e Gestão Pública – FCGP, Belo Horizonte, ano 2, n. 23, nov. 2003. Disponível em: <http://www.bidforum.com.br/PDI0006.aspx?pdiCntd=8463>. Acesso em: 28 nov. 2017.

CASTRO JUNIOR, Osvaldo Agripino de. Breves notas sobre arbitragem marítima e portuária. Revista de Direito Público da Economia – RDPE, Belo Horizonte, ano 12, n. 46, p. 171-190, abr./jun. 2014.

CASTRO, Rodrigo Pironti Aguirre de. Sistema de Controle Interno: Uma perspectiva do modelo de gestão pública gerencial. 2. ed. Belo Horizonte: Fórum, 2008.

CAUPERS, João. L'arbitrage dans les litiges entre les autorités administratives et les personnes privées: Conciliation, médiation et arbitrage. Strasbourg: Editions Du Conseil de L'europe, 2000.

CAVALCANTE, Benigno; ZENNI, Alessandro. O PRINCÍPIO DA PUBLICIDADE NOS PROCEDIMENTOS ARBITRAIS. Revista Jurídica Cesumar, Maringá, v. 10, n. 1, p.261-274, 2010. Semestral. Disponível em: <http://periodicos.unicesumar.edu.br/index.php/revjuridica/article/view/982/1011>. Acesso em: 06 dez. 2017.

CBAR. Lei Modelo da Uncitral sobre Arbitragem Comercial Internacional. Disponível em: <http://cbar.org.br/site/wp-content/uploads/2012/05/Lei_Modelo_Uncitral_traduzida_e_revisada_versao_final.pdf>. Acesso em: 27 novembro 2017.

CESCA, Jane Elisabeth; NUNES, Thomaz Cesca. Da necessidade da evolução do direito e da justiça: os meios não adversariais de resolução de conflitos no Brasil e no direito alienígena. *Revista Eletrônica do Curso de Direito da UFSM*, Santa Maria, v. 1, n. 2, p. 3-21, jul. 2006.

Cf. MARTINS, Ricardo Marcondes. Arbitragem e Administração Pública: Contribuição para o Sepultamento do Tema. In: Revista Trimestral de Direito Público, Belo Horizonte, v. 54, p. 206, 2011.

CHAPUS, René. Droit administratif général. 10. ed. Paris: Montchrestien, 1996. t. 1.

CHAVES, Marianna. Da convenção de arbitragem: efeitos e responsabilidade pelo descumprimento no Brasil e em Portugal. *Revista Brasileira de Direito Processual – RBDPro*, Belo Horizonte, ano 21, n. 82, p. 127-151, abr./jun. 2013.

CHEVALLIER, Jacques. *L'État de droit. 4ème edition*. Paris: Montchrestien, 2003, p.18

CHEVALLIER, Jacques. O Estado Pós-Moderno. Belo Horizonte: Fórum, 2010. Tradução de: Marçal Justen Filho.

CHEVALLIER, Jacques. O Estado Pós-Moderno. Belo Horizonte: Fórum, 2010. Tradução de: Marçal Justen Filho.

COELHO, Eleonora. Desenvolvimento da cultura dos métodos adequados de solução de conflitos: Uma urgência para o Brasil. São Paulo: Gen Atlas, 2017.

COMPERNOLLE, Jacques Van. L'arbitrage en droit public: réflexion conclusives. In: RENDERS, David; DEVOLVÉ, Pierre; TANQUEREL, Thierry. L'arbitrage em droit public. Bruxelas: Bruylant, 2010. P. 397-412. P. 401.

Comunicação da Comissão para o Parlamento Europeu, o Conselho, o Comitê Econômico e Social Europeu e o Comitê das Regiões, Mobilizar o investimento privado e público com vista ao relançamento da economia e à mudança estrutural em longo prazo: desenvolver parcerias público-privadas, COM (2009) 615 final.

COUTINHO, Cristiane Maria Henrichs de Souza. Arbitragem e a Lei n. 9.307/96. Rio de Janeiro, RJ: Forense, 1999.

COUTO E SILVA, Almiro do. Princípios da legalidade da administração publica e da segurança jurídica no Estado de Direito contemporâneo. Revista de direito público, nº 84. São Paulo: Revista dos Tribunais, 1987.

CRAIG, W. Laurence; PARK, Wiliam W PAULSSON, Jan. International Chamber of commerce arbitration. 3. Ed. New York: Oxford, 2000. p. 311.

DAVIS, K. E.; FISHER, A.; KINGSBURY, B.; MERRY, S.E. (Ed.). Governance by indicators: global power through quantification and rankings. Oxford: Oxford University Press, 2012.

DI PIETRO, Maria Sylvia Zanella. Direito administrativo. 20. ed. São Paulo: Atlas, 2007. p.415.

DI PIETRO, Maria Sylvia Zanella. Direito Administrativo. 25. ed. São Paulo, Atlas, 2012. p.90.

DIAS, Maria Tereza Fonseca. O Estatuto jurídico das empresas estatais (Lei 13.303/2016) sob a ótica da Constituição da República de 1988. Disponibilizado em: <http://www.direitodoestado.com.br/colunistas/maria-tereza-fonseca-dias/o-estatuto-juridico-das-empresas-estatais-lei-133032016-sob-a-otica-da-constituicao-da-republica-de-1988>. Consulta em: 30 ago. 2016.

DINAMARCO, Cândido Rangel. *Fundamentos do processo civil moderno*. v. 2. n. 3. São Paulo: Malheiros Ed., p. 836-837.

DUARTE JÚNIOR, Ricardo César Ferreira. A legitimidade do Estado Regulador brasileiro: uma análise democrática. A&C – Revista de Direito Administrativo & Constitucional, Belo Horizonte, ano 11, n. 43, p. 135-166, jan./mar. 2011.

DWORKIN, Ronald. Levando os direitos a sério. 3. ed. Tradução de Nelson Boeira. São Paulo: Martins Fontes, 2002. p. 40-43.

ESTORNINHO, Maria João. A Fuga para o Direito Privado – Contributo para o estudo da actividade de direito privado da Administração Pública. Coimbra: Almedina, 1999.

ESTORNINHO, Maria João. *Requiem pelo contrato administrativo*. Coimbra: Almedina, 1990.

FAGUNDES, Miguel Seabra, O Controle dos Atos Administrativos pelo Poder Judiciário. 5. ed. Forense, 1979, p. 4-5.

FEDERAL, Supremo Tribunal. Supremo Tribunal Federal julga constitucional a Lei de Arbitragem (republicação). 2001. Disponível em: <http://www.stf.jus.br/portal/cms/verNoticiaDetalhe.asp?idConteudo=58198>. Acesso em: 18 nov. 2017.

FERRAZ, Sérgio; DALLARI, Adilson de Abreu. Processo administrativo. São Paulo: Malheiros, 2002. p. 110.

FERREIRA FILHO, Manoel Gonçalves. Constituição e governabilidade: ensaio sobre a (in)governabilidade brasileira. São Paulo: Saraiva, 1995.

FICHTNER, José Antonio; MONTEIRO, André Luis. A CONFIDENCIALIDADE NA REFORMA DA LEI DE ARBITRAGEM. In: ROCHA, Caio Cesar Viera; SALOMÃO, Luis Felipe. Arbitragem e Medição: A Reforma da Legislação Brasileira. 2. ed. São Paulo: Atlas, 2017. Cap. 9. p. 159-190.

FICHTNER, José Antonio; MONTEIRO, André Luis. A CONFIDENCIALIDADE NA REFORMA DA LEI DE ARBITRAGEM. In: ROCHA, Caio Cesar Viera; SALOMÃO, Luis Felipe. Arbitragem e Medição: A Reforma da Legislação Brasileira. 2. ed. São Paulo: Atlas, 2017. Cap. 9. p. 159-190.

FILHO, José dos Santos Carvalho. Manual de direito administrativo. 28. ed. São Paulo: Atlas, 2015. Revista, ampliada e atualizada até 31.12.2014.

FIGUEIREDO, Lúcia Valle. Curso de direito administrativo. São Paulo: Malheiros, 2004.

FOUCHARD, Philippe; GAILLARD, Emmanuel; GOLDMAN, berthold. International commercial arbitration. In: GAILLARD, Emmanuel; SAVAGE, John (ed.). The Hague: Kluwer Law Internationnal, 1999. P. 612.

FRANCISCO, Ana Mafalda Costa. A Arbitragem Tributária. 2012. 38 f. Tese (Doutorado) – Curso de Direito, Universidade Católica Portuguesa Centro Regional do Porto, Porto, 2012. Disponível em: <https://repositorio.ucp.pt/bitstream/10400.14/11975/1/OBRA_ARBITRAGEM TRIBUTÁRIA!.pdf>. Acesso em: 26 fev. 2018.

FRANCO SOBRINHO, Manoel de Oliveira. Contratos administrativos. São Paulo: Saraiva, 1981. p. 9.

FREITAS, Rafael Véras de. Novos desafios da arbitrabilidade objetiva nas concessões. Disponível em: <http://www.editoraforum.com.br/wp-content/uploads/2016/04/Novos-desafios-da-arbitrabilidade.pdf>. Acesso em: 26 fev. 2018.

FREITAS, Rafael Véras de. O Programa de Parcerias de Investimentos (PPI) e o seu regime jurídico. Revista de Contratos Públicos – RCP, Belo Horizonte, ano 6, n. 11, mar./ago. 2017.

FURTADO, Lucas Rocha. Curso de Direito Administrativo. 5. ed. Belo Horizonte: Forum, 2016.

GIERKE, Otto von. Political Theories of the Middle Age. Tradução de Frederic William Maitland do original Die Publicistischen Lehren des Mittelalters. Cambridge: University Press, 1951. p. 129.

GIERKE, Otto von. Political Theories of the Middle Age. Tradução de Frederic William Maitland do original Die Publicistischen Lehren des Mittelalters. Cambridge: University Press, 1951. p. 129.

GOMES DE MATTOS, Mauro Roberto. O contrato administrativo. Rio de Janeiro: América Jurídica, 2001. p. 2.

GONÇALVES, Pedro. Entidades Privadas com Poderes Públicos: o Exercicio de Poderes Públicos de Autoridade por Entidades Privadas com Funções Administrativas. Coimbra, Livraria Almedina, 2005. p. 608.

GRAU, Eros Roberto. A ordem econômica na Constituição de 1988. 4. ed. São Paulo: Malheiros, 1998. p. 137-139.

GROTTI, Dinorá Adelaide Musetti. Arbitragem e o setor de telecomunicações no Brasil. Revista de Direito de Informática e Telecomunicações – RDIT, Belo Horizonte, ano 2, n. 2, p. 99-127, jan./jun. 2007.

GUGLIELMI, Gilles J. Vus par ses pères fondateurs, Le Droit Administratif. In: CHEVALLIER, Jacques (Coord.). *Le droit administratif en mutation.* Paris: Presses Universitaires de France, 1993.

GUILHERME, Luiz Fernando do Vale de Almeida. Manual dos MESCs: Meios extrajudiciais de solução de conflitos. Barueri: Manole, 2016.

GUIMARÃES, Bernado Strobel. O EXERCÍCIO DA FUNÇÃO ADMINISTRATIVA E O DIREITO PRIVADO.2010. 219 f. Tese (Doutorado) – Curso de Direito, Universidade de São Paulo, São Paulo, 2010.

GUIMARÃES, Bernado Strobel. O EXERCÍCIO DA FUNÇÃO ADMINISTRATIVA E O DIREITO PRIVADO.2010. 219 f. Tese (Doutorado) – Curso de Direito, Universidade de São Paulo, São Paulo, 2010.

HIGA, Alberto Shinji. Notas sobre o uso da arbitragem pela Administração Pública. *Revista Brasileira de Direito Público – RBDP*, Belo Horizonte, ano 13, n. 50, jul./set. 2015.

HODGE, G. A.; GREVE, C.; BOARDMAN, A. E. (Ed.). International handbook on public-private partnerships. Cheltenham: Edward Elgar Publishing, 2010; ARROWSMITH, S.; DAVIES, A. (Ed.). Public procurement: global revolution. Londres: Kluwer Law International, 1998.

HOERSTER, Norbert. En defensa del positivismo jurídico. Tradução de Jorge M. Seña. Barcelona: Gedisa, 1992.

HORBACH, Carlos Bastide. Direito administrativo e direito privado na obra de Ruy Cirne Lima. *Fórum Administrativo Direito Público – FA*, Belo Horizonte, ano 9, n. 98, abr. 2009.

HABERMAS, Jürgen. Direito e democracia: entre facticidade e validade. Trad. Flávio Beno Siebeneichler. Rio de Janeiro: Tempo Brasileiro, 2003.

JAMBRENGHI, Maria Teresa Paola Caputi. Note minime su beni comuni e funzione amministrativa. Constitutcionalismo.it: LE RIFORME IN

UNA DEMOCRAZIA CONSTITUZIONALE, Roma, p.81-113, 2017. Disponível em: <http://www.costituzionalismo.it/download/Costituzionalismo_201701_614.pdf>. Acesso em: 02 jan. 2018.

JUSTEN FILHO, Marçal. *Curso de direito administrativo.* 7. ed. rev. e atual. Belo Horizonte: Fórum, 2011.p. 258.

KASER, Max. Direito romano privado. Lisboa: Calouste Gulbenkian, 1999. p.191.

KINGSBURY, B.; KRISCH, N.; STEWART, R. B. The emergence of global administrative law. Law & Contemporary Problems, v. 68, p. 15, 2005; MÖLLERS, C.; VOßKUHLE, A.; WALTER, C. (Ed.). Internationales Verwaltungsrecht. Tübingen: Mohr Siebeck, 2007; TIETJE, C. Internationalisiertes Verwaltungshandeln. Berlim: Duncker & Hum-blot, 2001.

La Construction du droit administratif France et Royaume-Uni. Paris: Montchrestien, 2000, p. 21.

LADEUR, K.-H. The changing role of the private in public governance – the erosion of hierarchy and the rise of a new administrative law of cooperation: a comparative approach. EUI Working Paper, n. 2002/9.

LEMES, Selma Ferreira. Convenção de Arbitragem e Termo de Arbitragem. Características, Efeitos e Funções. Disponível em: <http://selmalemes.adv.br/artigos/artigo_juri07.pdf>. Acesso em: 27 nov. 2017.

LEMES, Selma M. Ferreira. *Arbitragem na Administração Pública.* São Paulo: Quartier Latin, 2007. p. 144.

LIMA, Gustavo Augusto Freitas de. Direito Administrativo: entre o público e o privado. Revista Jus Navigandi, ISSN 1518-4862, Teresina, ano 17, n. 3414, 5 nov. 2012. Disponível em: <https://jus.com.br/artigos/22945>. Acesso em: 12 junho. 2017.

LIMA, Gustavo Augusto Freitas de. Direito Administrativo: entre o público e o privado. Revista Jus Navigandi, ISSN 1518-4862, Teresina, ano 17, n. 3414, 5 nov. 2012. Disponível em: <https://jus.com.br/artigos/22945>. Acesso em: 12 junho. 2017.

LOBO, Carlos Augusto da Silveira. A definição de sentença arbitral estrangeira. Revista de Arbitragem e Mediação, n. 9, 04-06/2006, p. 62-71

LONG, M. et al. Les grands arrest de la jurisprudence administrative. 16e éd. Paris: Dalloz, 2007. p. 1-7.

LUHMANN, Niklas. Confianza. Trad. Amanda Flores. Santiago: Anthropos Universidad IberoAmericana, 1996.

MAGALHÃES, José Carlos de; BAPTISTA, Luiz Olavo. Arbitragem Comercial, Rio de Janeiro, RJ: Freitas Bastos, 1986. p. 20.

MARQUES NETO, Floriano de Azevedo. Regulação estatal e interesses públicos. São Paulo: Malheiros, 2002.

MAROLLA, Eugenia Cristina Cleto. A Arbitragem e os contratos da Administração Pública. Rio de Janeiro: Lumen Juris, 2016.

MADUREIRA, Claudio Penedo. Supremacia do interesse público sobre o privado: uma necessária desconstrução da crítica. Fórum Administrativo – FA, Belo Horizonte, ano 14, n. 161, p. 9-24, jul. 2014

MARTES, Marina Martins. Arbitragem e Administração Pública: a compatibilidade, os limites e o procedimento arbitral envolvendo o Poder Público. Revista Brasileira de Estudos da Função Pública – RBEFP, Belo Horizonte, ano 5, n. 15, set./dez. 2016.

MARTES, Marina Martins. Arbitragem e Administração Pública: a compatibilidade, os limites e o procedimento arbitral envolvendo o Poder Público. Revista Brasileira de Estudos da Função Pública – RBEFP, Belo Horizonte, ano 5, n. 15, p. 213-245, set./dez. 2016.

MARTINS, Pedro A. Batista. A Arbitragem no Brasil. 2017. Disponível em: <http://batistamartins.com/arbitragem-no-brasil-2/>. Acesso em: 03 jan. 2018.

MAYER, O. Zur Lehre vom öffentlichrechtlichen Vertrage. Archiv des öffentlichen Rechts, v. 3, n. 3, p. 42, 1888.

MEDAUAR, Odete. *Direito administrativo em evolução*. 2. ed. São Paulo: Revista dos Tribunais, 2003, p.124-125.

MEDAUAR, Odete. *Direito administrativo em evolução*. 2. ed. São Paulo: Revista dos Tribunais, 2003, p.124-125.

MEDAUAR. Odete. *O Direito Administrativo em Evolução*, 2. ed., São Paulo: RT, 2003, p.13-23.

MEIRELLES, Hely Lopes. Direito administrativo brasileiro. 34. ed. atual. por Eurico de Andrade Azevedo; Délcio Balestero Aleixo; José Emmauel Burle Filho. São Paulo: Malheiros, 2008. p. 370.

MELLO, Cleyson de Moraes. Direito Civil – Contratos. 2. ed. Rio de Janeiro: Freitas Bastos Editora, 2017. 71 p

MELLO, Rafael Munhoz de. Arbitragem e Administração Pública. Revista Jurídica da Procuradoria-geral do Estado do Paraná, Curitiba, v. 6, p.47-81, 17 nov. 2017.

MELO, Lília Maranhão Leite Ferreira de. O papel da arbitragem *on line* na abordagem justiça e desenvolvimento. *Revista de Direito Empresarial – RDEmp*, Belo Horizonte, ano 9, n. 3, set./dez. 2012.

MORAES, Felipe. A experiência da CAMARB com as arbitragens envolvendo a Administração Pública. 25 abr. 2016. Entrevista concedida a Marina Martins Martes para análise de casos e dados em trabalho de conclusão de curso.

MOREIRA NETO, Diogo de Figueiredo. Curso de Direito Administrativo. Rio de Janeiro: Forense, 2002, p. 245.

MOREIRA NETO. Novos institutos consensuais da ação administrativa. Revista de Direito Administrativo, v. 231, p. 133.

MUCHLINSKI, P. Multinational enterprises and the law. 2. ed. Oxford: Oxford University Press, 2007. p. 125 e ss.

MUKAI, Toshio. O direito administrativo e o regime jurídicos das empresas estatais. 2. ed. rev. e ampl. Belo Horizonte: Fórum, 2004. p. 147-148.

NORONHA, João Otávio de. Arbitragem nos setores regulados. Fórum Administrativo – FA, Belo Horizonte, ano 11, n. 129, p. 9-13, nov. 2011.

Nygh, Peter. Choice of Forum and Laws in International Commercial Arbitration. Forum Internationale, n. 24, p. 19.

OAB-RJ, Comissão de Arbitragem da Ordem dos Advogados Seccional do Rio de Janeiro. Cartilha de Arbitragem. Disponível em: <http://www.oabrj.org.br/cartilhas>. Acesso em: 21 nov. 2017.

OLIVEIRA, Gustavo Justino de; EID, Elie Pierre; FIGUEIROA, Caio Cesar. Arbitragem com o Poder Público no Brasil: Ondas evolutivas e prospecção. Disponível em: <http://www.migalhas.com.br/dePeso/16,MI226858,51045-Arbitragem+com+o+Poder+Publico+no+Brasil+Ondas+evolutivas+e+prospeccao>. Acesso em: 17 nov. 2017.

OLIVEIRA, Rafael Carvalho Rezende. A arbitragem nos contratos da Administração Pública e a Lei nº 13.129/2015: novos desafios. *Revista Brasileira de Direito Público – RBDP*, Belo Horizonte, ano 13, n. 51, p. 59-79, out./dez. 2015.

OLIVEIRA, Rafael Carvalho Rezende. A arbitragem nos contratos da Administração Pública e a Lei nº 13.129/2015: novos desafios. *Revista Brasileira de Direito Público – RBDP*, Belo Horizonte, ano 13, n. 51, out./dez. 2015.

OLIVEIRA, Rafael Carvalho Rezende. Curso de Direito Administrativo. 5. ed. Rio de Janeiro; São Paulo: Forense; Método, 2017.

Palhuca, Gabriela Silvério. Desafios na redação da cláusula compromissória pelo Poder Público: uma análise das cláusulas compromissórias dos contratos de parcerias público-privadas celebrados pelo Estado de São Paulo. Revista Brasileira de Infraestrutura – RBINF, Belo Horizonte, ano 4, n. 8, jul./dez. 2015.

PALMA, Juliana Bocorsi de. Sanção e acordo na administração pública. São Paulo: Malheiros, 2015. p. 247-252.

PARADA, André Luis Nascimento. Arbitragem nos Contratos Administrativos: uma análise crítica aos obstáculos jurídicos normalmente suscitados para afastar a utilização da arbitragem como meio de solução de conflitos em contratos administrativos. 2014. 181 f. Tese (Doutorado) – Curso de

Direito, Centro Universitário de Brasília, Brasília, 2014. Disponível em: <http://repositorio.uniceub.br/bitstream/235/8662/1/61001320.pdf>. Acesso em: 05 jan. 2018.

PAULSSON, Jan. Reporto n issues concerning confidentiality in international arbitration. Department of Foreign Affairs and International Trade Canada. Disponível em: http://www.interntional.gc.ca. Acesso em: 06 jan 2017.

PEREIRA, Luiz Carlos Bresser. Da administração pública burocrática à gerencial. Revista do Serviço Público, Brasília, v. 120, n. 1, p.7-15, abr. 1996. Disponível em: <https://revista.enap.gov.br/index.php/RSP/article/view/702/550>. Acesso em: 10 jun. 2017.

PIETRO, Maria Sylvia Zanella di. Transformações do direito administrativo. Revista de Direito da Administração Pública. Universidade Federal Fluminense, Rio de Janeiro, v. 2, p.204-208, jun. 2016.

REALE, Miguel. *Lições preliminares de direito. 2. Ed. São Paulo: Bushatsky, 1974. P.30*).

RIBEIRO, Joaquim de Sousa. O Problema do Contrato – As Cláusulas Contratuais Gerais e o Princípio da Liberdade Contratual. Coimbra: Almedina, 1999, p. 21.

RIBEIRO, Márcia Carla Pereira. A derrocada da sociedade de economia mista e a ascensão do aspecto funcional da empresa privada. 1998. 275 f. Tese (Doutorado em Direito das Relações Sociais) – Universidade Federal do Paraná, Curitiba, 2009, p. 62.

RIVERO. *À propos des métamorphoses de l'*administration *d'aujourd'hui*: démocratie et administration. Pages de doctrine, p. 257: "O princípio da legalidade é, pois, a manifestação da democracia na administração".

ROCHA, Caio Cesar Vieira. Arbitragem e Administração Pública: nova disciplina normativa após a Lei 13.129/2015. Revista de Arbitragem e Mediação, São Paulo, p.1-14, 2016.

ROCHA, Caio Cesar Vieira; MONTEIRO, André Luis. MEDIDAS CAUTELARES E URGENTES NA ARBITRAGEM: NOVA DISCIPLINA NORMATIVA. In: ROCHA, Caio Cesar Viera; SALOMÃO, Luis Felipe. Arbitragem e Medição: A Reforma da Legislação Brasileira. 2. ed. São Paulo: Atlas, 2017. Cap. 9. p. 159-190.

ROPPO, Enzo. O contrato. Coimbra: Almedina, 1988. p. 137-138.

SALLA, Ricardo Medina. Arbitragem e Administração Pública – Brasil, Paraguai e Uruguai. São Paulo: Quartier Latin, 2014.

SALLES, Carlos Alberto de. Arbitragem nos Contratos Administrativos. Rio de Janeiro: Forense, 2011.

SANTOS, Flávio Rosendo dos; OLIVEIRA, Antônio Gonçalves de; NASCIMENTO, Décio Estevão do. As empresas estatais e seu conflito intrínseco:

lucratividade versus colaboração na implementação de políticas públicas. Revista de Direito Público da Economia – RDPE, Belo Horizonte, ano 13, n. 52, out./dez. 2015. Disponível em: <http://www.bidforum.com.br/PDI0006.aspx?pdiCntd=239455>. Acesso em: 8 dez. 2017.

SCAVONE JUNIOR, Luiz Antonio. Manual de arbitragem: mediação e conciliação. 7. ed. Rio de Janeiro: Gen Forense, 2016. 9 p.

SCHILL, Stephan W. Abordagens jurídicas transnacionais sobre direito administrativo: a conceituação dos contratos públicos na globalização Transnational legal approaches to administrative law: conceptualizing public contracts in globalization. Revista de Direito Administrativo – RDA, Belo Horizonte, n. 268, 2015.

SCHIRATO, Vitor Rhein; PALMA, Juliana Bonacorsi de. Consenso e legalidade: vinculação da atividade administrativa consensual ao direito. Revista Brasileira de Direito Público – RBDP, Belo Horizonte, ano 7, n. 27, out./dez. 2009

SCHMIDT-ASSMANN, Eberhard. La teoría general del derecho administrativo como sistema: objeto y fundamentos de la construcción sistemática. Madrid: Marcial Pons, 2003. 475 p. Tradução de: Mariano Bacigalupo et al.

SCHNEIDER, Jens-Peter; SCHIRATO, Vitor Rhein (Trad.). O Estado como sujeito econômico e agente direcionador da economia. Revista de Direito Público da Economia, Belo Horizonte, v. 5, n. 18, p. 189-217, 2007.

Scholze, Victor; Fernandes, J. U. Jacoby. A solução consensual de conflitos na Administração Pública promovida pelo novo Código de Processo Civil. Fórum Administrativo – FA, Belo Horizonte, ano 15, n. 176, p. 75-79, out. 2015.

SILVA, Almiro do Couto e. Os indivíduos e o Estado na realização de tarefas públicas. *Revista da Procuradoria-Geral do Estado do Rio Grande do Sul* _ Cadernos de Direito Público, v. 27, n. 57 _ suplemento, 2003.

SIQUEIRA, Dirceu Pereira; FERREIRA, Olavo Augusto Vianna Alves. Governança estatal, orçamento e os direitos da personalidade: os impactos negativos da "má gestão" no contexto econômico. Revista de Direito Empresarial – RDEmp, Belo Horizonte, ano 14, n. 3, set./dez. 2017.

SKITNEVSKY, Karin Hlavnicka. Arbitrabilidade nos contratos com a Administração Pública. 2008. 126 f. Obra (Mestrado) – Curso de Direito, Pontifícia Universidade Católica de São Paulo PUC-SP, São Paulo, 2008.

SOUSA, Guilherme Carvalho e Sousa. A liberdade de contratar para a administração pública: a autonomia da vontade no contrato administrativo. RDA – Revista de Direito Administrativo, Belo Horizonte, v. 260, maio/ago. 2012.

SOUZA JUNIOR, Lauro da Gama e. Sinal verde para a arbitragem nas Parcerias Público-Privadas: (A construção de um novo paradigma para os contratos entre o Estado e o investidor privado). Revista Brasileira de Arbitragem, Porto Alegre, n. 8, p.12-25, dez. 2005.

SOUZA, Jessé. Tem Habermas algo a dizer aos brasileiros?. Revista Brasiliense de Pós-Graduação em Ciências Sociais, ano I, v. 1, n. 1, 1997.

SOUZA, Franderlan Ferreira de. Breves considerações acerca dos consórcios públicos instituídos pela Lei nº 11.107/2005: oportunidades e desafios deste instrumento de cooperação federativa. Revista Brasileira de Direito Público – RBDP, Belo Horizonte, ano 8, n. 29, abr./jun. 2010.

STEWART, R. B. Administrative law in the twenty-first century. New York University Law Review, v. 78, p. 437, 2003; para uma perspectiva alemã, GRIMM, D. Das Öffentliche Recht vor der Frage nach seiner Identität. Tübingen: Mohr Siebeck, 2012; SCHMIDT-AßMANN, E. Internationalisierung des Verwaltungsrechts – Einwirkungspfade und Rechtsprobleme. In: H. BAUER, H.; CZYBULKA, D.; KAHL, W.; VOßKUHLE, A. (Ed.). Wirtschaft im offenen Verfassungsstaat. Festschrift für Reiner Schmidt. Munique: C. H. Beck, 2006. p. 149; Id. Die Herausforderung der Verwaltungsrechtswissenschaft durch die Internationalisierung der Verwaltungsbeziehungen. Der Staat, v. 45, p. 315, 2006; a partir da perspectiva francesa, ver AUBY, J.-B. La bataille de San Romano. Réflexions sur les évolutions récentes du droit administratif. L'actualité juridique – Droit administratif AJDA, v. 57, p. 912, 2001; Id. Globalisation et droit public. In: ____. Gouverner, administrer, juger. Liber amicorum Jean Waline. Paris: Dalloz, 2002. p. 135; e a partir da perspectiva italiana, ver CASSESE, ew paths for administrative law: a manifesto. International Journal of Constitutional Law, v. 10, p. 603, 2012.

STRENGER, Irineu. Arbitragem comercial internacional. São Paulo: LTr., 1996. p. 130.

SUNDFELD, Carlos Ari; SOUZA, Rodrigo Pagani de; PINTO, Henrique Motta. Empresas semiestatais. Revista de Direito Público da Economia, Belo Horizonte, v. 9, n. 36, p. 75-99, 2011.

TÁCITO, Caio. Regime jurídico das empresas estatais. Revista de direito administrativo, Rio de Janeiro, v. 242, p. 85-93, 2005.

TALAMINI, Eduardo; FRANZONI, Diego. Arbitragem e empresas estatais. Interesse Público – IP, Belo Horizonte, ano 19, n. 105, set./out. 2017.

TARTUCE, Flávio. Arbitragem. Algumas interações entre o direito material e o direito processual. Função social do contrato, ética na arbitragem e abuso processual. Revista Brasileira de Direito Processual – RBDPro, Belo Horizonte, ano 18, n. 70, abr./jun. 2010. Disponível em: <http://www.bidforum.com.br/PDI0006.aspx?pdiCntd=67214>. Acesso em: 29 nov. 2017.

THEODORO JÚNIOR, Humberto. Curso de direito processual civil, v. 1, p. 346-347.

TORCHIA, Luisa; SANDULLI, Aldo; CHITI, Edoardo. La scienza del Diritto Amministrativo e il Diritto Privato, La scienza del Diritto Amministrativo nella seconda metà del XX secolo. Nápoles: Scientifica, 2008.

UNDFELD, Carlos Ari; CÂMARA, Jacintho Arruda. Acordos na execução contra a Fazenda Pública. *Revista Brasileira de Direito Público – RBDP*, Belo Horizonte, ano 8, n. 30, jul./set. 2010.

VEDEL, Georges. Droit administratif. 5. ed. Paris: Presses Universitaires de France, 1973. p. 1973 a 233.

VIGO, Rodolfo Luis. Interpretação jurídica: do modelo juspositivista-legalista do século XIX às novas perspectivas. São Paulo: Revista dos Tribunais, 2005. p. 65.

VIDAL, Gustavo Pane. Convenção de Arbitragem. 2016. 153 f. Obra (Mestrado) – Curso de Direito, Pontifícia Universidade Católica de São Paulo, São Paulo, 2016.

ZAGREBELSKY, Gustavo. El derecho dúctil: ley, derechos, justicia. 8. ed. Madrid: Trotta, 2008.

WINDSCHEID, Bernhard. *Diritto delle Pandette*: prima traduzione italiana. Torino: Torinese, 1902.